|\\ 见识城邦

更新知识地图　拓展认知边界

芝草无根

乡土电商观察

田丰　张书琬　著

中信出版集团｜北京

图书在版编目（CIP）数据

芝草无根：乡土电商观察 / 田丰，张书琬著. 北京：中信出版社，2024. 11. -- ISBN 978-7-5217-6301-0

Ⅰ．F724.6

中国国家版本馆 CIP 数据核字第 2024S5D226 号

芝草无根——乡土电商观察

著者：田丰　张书琬

出版发行：中信出版集团股份有限公司
（北京市朝阳区东三环北路 27 号嘉铭中心　邮编　100020）

承印者：河北鹏润印刷有限公司

开本：787mm×1092mm 1/16　印张：16.75
字数：193 千字　插页：16
版次：2024 年 11 月第 1 版　印次：2024 年 11 月第 1 次印刷
书号：ISBN 978-7-5217-6301-0
定价：72.00 元

版权所有·侵权必究
如有印刷、装订问题，本公司负责调换。
服务热线：400-600-8099
投稿邮箱：author@citicpub.com

目　录

序　　　　　　　　　　　　　　　　　　　　　　　　　　　　i
引　言　丁浪短视频里的张奶奶　　　　　　　　　　　　　　iii

第一章　村里长出的草根创作者
童年　　　　　　　　　　　　　　　　　　　　　　　　003
小学　　　　　　　　　　　　　　　　　　　　　　　　006
触"网"　　　　　　　　　　　　　　　　　　　　　　009

第二章　乡村里的学校
私塾　　　　　　　　　　　　　　　　　　　　　　　　015
村小　　　　　　　　　　　　　　　　　　　　　　　　020
村办　　　　　　　　　　　　　　　　　　　　　　　　024
知识与命运　　　　　　　　　　　　　　　　　　　　　028
普及　　　　　　　　　　　　　　　　　　　　　　　　033
农村教育　　　　　　　　　　　　　　　　　　　　　　038

第三章　外出闯荡

闯荡　　　　　　　　　　　047

电商　　　　　　　　　　　050

心动　　　　　　　　　　　052

第四章　走出大山

天地隔江山　　　　　　　　059

日月换新天　　　　　　　　064

摆脱贫困　　　　　　　　　071

天堑变通途　　　　　　　　082

第五章　草根创作者的创业之路

天麻　　　　　　　　　　　099

猕猴桃　　　　　　　　　　102

紫薯　　　　　　　　　　　108

溜达鸡　　　　　　　　　　109

丁浪与焕河村结缘　　　　　111

第六章　传统村落景观的打造之路

复兴　　　　　　　　　　　127

能人　　　　　　　　　　　129

第七章　短视频偶遇传统村落

　　达人培训　　　　　　　　　137
　　搭档　　　　　　　　　　　143
　　成组　　　　　　　　　　　147
　　资金　　　　　　　　　　　151
　　入驻焕河村　　　　　　　　152

第八章　焕河"网红村"

　　新主播　　　　　　　　　　160
　　古村乐乐　　　　　　　　　161
　　新角色　　　　　　　　　　167

第九章　从焕河到大寨

　　追赶　　　　　　　　　　　175
　　嵌入　　　　　　　　　　　184
　　大寨村的年轻人　　　　　　190
　　古村28渡　　　　　　　　　202
　　民宿　　　　　　　　　　　206
　　探索振兴之路　　　　　　　211

第十章　向往的美好生活
　　千年之变　　　　　　　　　　　　218
　　道阻且长　　　　　　　　　　　　221

后　记　用兴趣连接城乡
　　农村现代化　　　　　　　　　　　229
　　农村电商　　　　　　　　　　　　231
　　"短视频+直播"与兴趣电商　　　　233
　　助农电商的兴趣基础：与乡村相连　235

附录一　关键人物关系图

附录二　人物信息表

附录三　村寨大事年表
　　焕河村　　　　　　　　　　　　　245
　　大寨村　　　　　　　　　　　　　248

焕河村中的网红井

焕河村网红井建成时所制碑记

焕河村村口

焕河村村民众筹修建银焕公路时所制的碑记

焕河村第四饭厅修缮前的原貌

焕河村第四饭厅修缮后的正门

修缮后的焕河村三皇庙与卡门

焕河村中的农田

焕河村中的木制民居

焕河村 5G 通网时拉的横幅

焕河村第四饭厅的广告牌

焕河村村小改建的乡愁馆　　焕河村成为网红村后村民开办的古村便利店

焕河村村委会办公地点

焕河村张金秀的家

游客邀请张金秀奶奶合拍抖音

焕河村举办传统村落保护活动时,村民和游客围在网红井旁

焕河村中,"古村乐乐"账号团队成员乐乐和涛涛进行直播

焕河村中,"古村乐乐"账号团队拍摄生火熏腊肉的场景

焕河村中,"古村乐乐"账号直播所使用的厨房场景

焕河村中,"黔东农仓"账号团队拍摄张金秀奶奶在水井洗菜后回家的场景

焕河村举办传统村落保护活动时,乐乐、涛涛和村民一起制作美食

焕河村中,"古村乐乐"账号团队在网红井边拍摄乐乐洗菜的场景

焕河村举办传统村落保护活动时，乐乐在长廊中制作美食

焕河村中丁浪团队成员在新媒体工作室中一起工作

大寨村中的青石板路

大寨村的千年金丝楠木

大寨村村旁经过高速路，但大寨村未能就此与外界顺畅连通

大寨村通组道路

大寨村猪圈茶社修建时的场景

大寨村猪圈茶社夜间营业场景

大寨村青年搬运篱笆进行乡村建设

大寨村民宿修建现场

大寨村村民自建的民宿"全家大院"

大寨村民宿营业时的场景

丁浪在大寨村中为"古村28渡"账号拍摄刘杰劳动的素材

丁浪在大寨村中指导摄像学徒小兰　　大寨村村委会办公楼和村卫生室

大寨村丁浪团队的新媒体工作室的办公环境

大寨村丁浪团队同刘杰商讨拍摄和剪辑工作。图中站立者，左为刘杰，右为丁浪

丁浪参加中国人民政治协商会议第十三届贵州省委员会第二次会议

丁浪获评"全国乡村振兴青年先锋"并参加宣讲报告会

丁浪团队在德江县电子商务产业园中的仓库门面

德江县电子商务产业园 A 栋侧面

丁浪团队在大寨村新媒体工作室中小憩

2021年年末丁浪团队全体成员的合照

本书创作团队与德江县委县政府相关部门、文旅企业代表进行座谈交流

本书创作团队与德江县委县政府相关部门、文旅企业代表进行座谈交流

本书创作团队与丁浪团队成员在焕河村工作室中进行访谈

本书创作团队与丁浪团队成员在焕河村工作室中进行访谈

本书创作团队在焕河村张金秀家中进行访谈

本书创作团队与焕河村张金秀夫妇的合照

本书创作团队与焕河村第一书记、村委会成员、传统村落保护协会会长等人的合照

本书创作团队与大寨村第一书记刘杰实地走访大寨村民宿

本书创作团队与大寨村青年全长春访谈

本书创作团队在大寨村村民家与第一书记刘杰和村民一起吃年夜饭

本书创作团队在大寨村村民家与第一书记刘杰和村民一起吃年夜饭

序

  我在三十多年前曾经翻译过法国著名农村社会学家孟德拉斯的《农民的终结》。孟德拉斯认为，在现代化过程中，传统意义上的农民已经走向终结，但农民的终结并不是"乡村生活的终结"，乡村生活将实现向现代化社会的转变。以往书写工业化和城镇化对传统乡村生活影响的著作很多，但反映数字时代的来临深刻改变中国传统乡村生活的著作还为数不多。《芝草无根》以贵州乡村生活在数字时代的变化为主题，以润物细无声的日常生活书写手法，展现了中国在跨越式发展中不同于西方社会的乡村生活现代化过程。

  中国曾长期是一个传统农业大国，有浓厚的乡土情结。在近几十年快速的城市化进程中，大量的人口从农村迁移到城市，但都还多少留有乡村生活的印记和记忆。那些在数字时代展现中国乡村生活方方面面的短视频，突破了时空的限制，获得了广泛的受众，数据网络一端链接着现代社会的窗口，一端链接着遥远的乡愁。新乡愁文化也衍生出现代数字技术支撑下的新型乡村旅游产业链，给贵州大山里的人们提供了从未有过的生活机遇，甚至改变了他们的生活环境和生活方式。而像丁浪那样的掌握了新技术新能力的返乡青年，成为乡村振兴的新兴力量，他们对乡村生活的认识与他们的长辈完全不同，技术赋予了年轻人更多的选择空间和无限可能。

《芝草无根》也以细腻的笔触，揭示了贵州乡村的艰难发展历程，正是人们内心深处从未泯灭的对美好生活的向往，激励和驱动着人们走出大山。村民自发组织起来，筹劳筹资修路、通电，让大山里的人能够走出去拼搏，获得更好的收入和生活水平。然而，人们走出大山，也带来乡村的人口流失和生活凋敝，这就形成了一个难解的议题：乡村收缩和乡村振兴何以共存？或许数字技术能够为大山里的年轻人提供新的机遇，让他们不需要走出大山就能够实现人生的梦想和价值。

《芝草无根》就像书名所寓意的，展示了在乡村发展的过程中个人如何不断突破各种先天限制，而且让我们看到了国家力量、市场力量和技术力量相互融合、共同助力乡村振兴的可能。对于中国式现代化来说，乡村振兴是一个长期的大战略，关乎着数以亿计的老百姓的生活，需要更多社会学者的持续关注和深入调查研究，提供更为丰富的案例和经验，为探索有中国特色的乡村现代化之路助力。

李培林
中国社科院原副院长、学部委员
2024 年 7 月 20 日

引 言

丁浪短视频里的张奶奶

> 乡土景观的形象是普通人的形象：艰苦、渴望、互让、互爱，它是美的景观。
>
> ——约翰·布林克霍夫·杰克逊
> （John Brinckerhoff Jackson，1901—1996）
> 《发现乡土景观》（俞孔坚、陈义勇、莫琳、宋丽青译）

点开丁浪创建的抖音账号"黔东农仓"发布的短视频，映入眼帘的是漫山遍野的绿植，即使隔着屏幕，也丝毫不影响大自然展现其魅力。在舒缓轻音乐的衬托下，彼方的一草一花、一木一山仿佛都有了别样的活力。镜头下，张金秀奶奶到地里摘菜，用力一拔，周围的土壤顷刻间呈分崩离析状四散开来。张奶奶把需要的菜摘好后规整统一，放进背篼。走过崎岖蜿蜒、偶尔泥泞的小路，一口水井出现在眼前，两股涓涓细流从井口流入蓄水池中。张奶奶把背回来的菜放在池子里清洗，炎炎夏日配上井水好不凉爽。两三村民经过，大家亲切地问候彼此吃了什么，一派温馨祥和。

洗好菜，沿着石板小路拾级而上，来到古香古色的木楼前，踩着被雨水浸润、看不出原色的三级木梯，来到厨房。张奶奶撸起袖子在稍显昏暗的厨房里处理食材，一双巧手仿佛有魔法，不一会儿，一道色香味俱全的菜便被盛放在装饰好的盘中，端上了堂屋外的餐桌。虽然看起来不比高档餐厅的菜品精致，但是张奶奶烹调的佳肴充满古朴的乡野雅趣，让人食指大动，围桌而坐的视频主人公们吃得也非常享受。

"黔东农仓"绝大部分视频都围绕"田野—水井—厨房—堂屋前饭桌"展开，偶尔还会出现两只可爱的小狗，它们或躺或趴，或在主人身旁悠闲地撒欢。厨房里带着西南农村特色的竹编漏勺、竹篮、瓦罐、竹编灯罩、葫芦瓢等，在视觉上给观众提供了一种远离灯红酒绿的繁华与喧嚣、偏安一隅的舒适与安静的氛围。

张金秀奶奶二十二岁那年嫁到焕河村下焕组，彼时纷繁复杂的运动热潮被重重大山阻隔，山里人的日常生活似乎没有什么太大变化。

那会儿，在贵州的大山里，结婚还得靠媒人，不流行自由恋爱，男女双方在婚前几乎不直接见面。父母请媒人说媒，要给媒人送上重礼。大山里所谓的重礼一般是猪脑壳，毕竟在穷得掉渣的大山里，经济条件较好的人家一年到头也才在过年时杀一头猪。媒人帮助说合之后，男方要带着聘礼去女方家提亲，聘礼不需要很贵重，却要顾及女方的面子，女方家的亲戚都要送到。大山里，各村寨多由同姓大家族组成，寨子里家家户户沾亲带故，因此男方有时候要准备一百多份礼物。礼物自然不可能太贵，否则一般的家庭根本结不起婚。其实，20世纪60年代的说媒不过是强调个形式，那年景谁家又能比别人家富多少？谁家又能比别人家穷多少？比起几年前，不饿肚子的生活就是好生活。婚姻这道现代社会的选择题，在严格控制人口流动的年代似乎也没有多余的选项，只要听媒人说，谁家祖上基业挺好，在城里还有点关系，日子过得不会太穷，家里多半会应了这门亲事。

焕河距离德江县城有几十公里，闭塞得很，寨子里的人搞不到时兴的东西做聘礼。既然没有什么拿得出手的，方便长期保存的挂面就成了最流行的礼物。挂面以手指那么粗为一指，12指作为一件礼的最低标准，女方家亲戚每家都要有一件礼。条件好的男方家庭可以提高聘礼的标准，除了挂面之外，增加一些糖、酒等需要凭票购买的消费品，这样女方家在寨子里会更有面子。男方给女方本家的聘礼不多，女方的嫁妆包含盆盆罐罐，如炊具、茶具，有的人家会陪嫁桌子、板凳等——大山里早年的通婚半径不大，新娘无非是换个邻近的寨子继续过日子。

张金秀至今还记得，那天自己是跟着送亲的娘家长辈一起走到焕河的，正赶上"破四旧、立四新"，"破字当头"，老旧的传统风俗首当其冲，婚礼只能从简。好在两个寨子离得不远，沿着崎岖的羊肠小道一路走就是，像平时出门一样。之前张金秀只在人群中远远地看过赵开仕一眼，着实没有留下什么深刻的印象，心里勾勒出来的对象，更多的是媒人巧舌塑造的形象。走进焕河，最先看到的是生产队的地里种着的稻谷、玉米、豆子、高粱、小谷（小米）、芝麻，再往前能看到各家自留地里种的萝卜、白菜、葱、蒜。似乎什么都没有变，不过是换了一个生活居所，找到了自己的新家。那时贵州山村里重男轻女，人们觉得女孩终究是别人家的，因此张金秀家里的五姐妹一天书都没有读过，倒是她的两个兄弟上过小学。好在不认得字并不影响干农活，也不会遭婆家嫌弃。说是婆家，婆家里没有婆婆，老公公带着两个儿子生活，这在焕河算是条件好的家庭——三个壮劳力，不像一些破落户，养着一群半大不小的孩子，还要供着老人。

　　眼瞧着离屋舍越来越近，张金秀用手上上下下扑打了一遍衣服，这身新衣一路上沾了不少土，正好眼前有一眼山泉，顺便蘸水理了理头发。沿斜坡上去，正对着的就是赵开仕家。张金秀一进门便看到堂屋里还有神龛遗留的痕迹，两边的字迹刚被涂抹过，之前供奉的应该是"天地君亲师"一类的东西。老屋坐南朝北，室内有点昏暗，送亲的人与家里老汉寒暄着。张金秀放下手里的东西，悄悄地接手了老屋里的家务活，不承想，这一做就是几十年。

　　张金秀在缓慢的日常生活节奏里感受世界的变化，种地，养鸡，养猪，也养孩子。日子一天一天过，外面的消息和时尚潮流似乎总会晚很多才传进来，生活缓慢变化。村里的地集中归人民公社管理了，去往外面的路慢慢修通了，村里有了小学，也有了老师，后来孩子少了，村里的小学也关了，通了电，有了电视，有了自来水。人们去外面打工了，带回了很多新鲜玩意儿，但是也渐渐不再回村了。村里人在县里、城里买了房子，子孙辈也都到县里、城里读书了，村里的人越来越少，但是生活条件也变好了。后来来了很多人，说村里的老屋要保护，村里的传统样貌要保留，所以开始修缮了。生活变得越来越好，但是在她想象的美好生活里，不包括成为乡村短视频中的主角，展示她几十年如一日的日常生活，这时的短视频随着手机和移动网络的普及，在中国吸引了超十亿用户。自然，她也没想过她生活了几十年的焕河村会成为大家向往的"网红村"。

　　但是自从村里来了一些年轻人，他们叽叽喳喳围在她身边，拍她的日常生活，拍她的房子，拍村里的井、村里的路，还有上山的坡，一切似乎向着她此前难以想象的方向发展。她听说这些短视频很受欢迎，很多人留言说想来吃"娘娘"做的饭，想来看看村里的井，爬爬村后面的山。后来有更多人开车过来，村里还修了长廊，周围的老邻居坐在上面支个小摊，卖点村人平时吃的小吃。她不知道为什么城里人开始怀念乡村，想念乡野，开始想回归山野。她没想过自己生活了快一辈子的老屋，自己做了一辈子的家常饭，自己干了一辈子的农活，会成为手机短视频里的新潮流，数以万计的外面的人对自己这一成不变的乡野生活感兴趣，还愿意驱车前来，亲眼看看她住的屋、她打水的井、村边的树、村旁的庙和面前的群山。这里不就是养着一村子人的乡下地方嘛，一辈子生活在这里的人都想出去，到城市里生活，这些年轻人为什么回来，城里人又为什么想来看乡村了呢？

第一章

村里长出的草根创作者

围在张金秀奶奶身边拍这拍那的年轻人在乡村短视频赛道上取得的成功给村子带来了新机遇，也打开了村子通过互联网平台直接与现代化接轨的新通道。但是在最终呈现于观众面前的短视频的背后，是丁浪这个贵州大山里的年轻人一路寻觅、尝试和坚持的脚印。

童年

丁浪小时候总觉得家里穷，从记事开始，父亲就在外面打工，其间有几年过年都没有回家，如果家里需要买东西，就得从地里面收割一些农作物，一般是应季的豆子、洋芋，只有赶场时把农作物卖得了钱，才能去购买生活必需品。丁浪来到焕河村之后才知道，原来在德江县，自己小时候不算穷的，跟焕河村的人们相比，自家条件要好很多。其实，丁浪家住得离县城并不远，属于堰塘土家族乡高家湾村丁家山组，丁是村里的大姓，其他人家有姓吴、谢、罗的。丁家人主要居住在靠近公路一侧，他家正好对着326国道，打小就能看到门口飞驰而过的大货车。在2015年沿榕高速德江段通车之后，丁家山恰好把在了高速收费站德江南站，现在过往的车辆更是络绎不绝。从丁家山开车去德江县城，大概只需要十分钟左右的时间，可以说是离县城最近的乡镇了。丁浪出生时正好赶上贵州省政府提倡农村居民外出务工。贵州几乎任何一个有人居住的地方都是人多地少，丁家山也不例外，丁浪家里只有父亲和奶奶分到了两亩多地，要养活一家六口，颇有点入不敷出的意思。眼看家里三个娃娃快到开销大的年龄，再看看村里一些出去打工赚钱的人开始翻修老房子，加上口口相传的外面的花花世界，丁浪三岁时，父亲也跟着村里人远赴广东务工，留在家里的妈妈、孩子和奶奶组成了一支生活窘困的完整版"386199部队"。

家门口是公路，丁浪小时候去附近的集镇赶场，不需要走太多的山路。不过，父亲不在家，母亲并不是很放心带着丁浪去赶场，很多时候丁浪只能羡慕地看着邻家小伙伴拿着赶场买回来的玩具和吃食。时至今日，丁浪还清晰地记得第一次去赶场的情景。"第一次去赶场，回忆起来，印象特别深刻的是一碗粉。因为那时确实不是那么富裕，所以到现在还能记得，我妈让我去吃的那碗粉。粉摊上是支起来的大红色太阳伞，两边全是人。一排一排煮粉的灶头就摆在街边，大家就在街边坐在小凳子上低头吃，我们这边叫'吃晌午'。我（看到后）就说饿了，然后妈妈就叫（摊主）煮了一碗粉，自己没吃，就看着我吃。然后我就觉得（这件事）对我自己影响比较大，也比较（受）触动。有很多东西，就是现在看来（很平淡），（但）却是那个时候的父母对自己孩子的爱（的一种表达），那种感觉一辈子都忘不了。"之所以能有那么清晰的记忆，大概是因为丁浪第一次去赶场的时候已经在上小学了，更小的时候妈妈怕他走丢，根本不敢带他去。丁浪还记得有一次赶场真的走丢过。那天，人特别多，矮矮瘦瘦的丁浪背了一个大大高高的背篓，背篓的边沿高出了脑袋，远远地从他身后看去，像是一个背篓在晃动着前行。他被前面的人遮住了视线，走过去走过来，碰到人后背篓又磕在头上，无奈只能顺着人流向前挪动，还得努力保护脑袋，小心翼翼地跟着妈妈。走着走着，丁浪突然发现前面的人不是妈妈，一时惊慌失措，快吓哭了。妈妈从旁边挤过来找他，显然也有些惊慌,因而见面之后不是重逢的喜悦,而是一顿臭骂。这让他对赶场有了一些心理阴影,但没有减少他对赶场的热爱。当然,丁浪也喜欢去街上(县城老街),更喜欢去外公家。大概是缺乏父爱的缘故,丁浪身上的男性气质更多来自外公的熏陶,可以说在初中之前,外公是陪伴他最多的男性亲人。外公是木匠,动手能力很强,调皮的小丁浪很快耳濡目染学会了用竹子编制各种器物。丁浪从小跟着外公去打猎,一枪打出去,一个火花喷出来,毛鸡(野鸡)掉了下来,拿回家就变成了餐桌上的美食。[1]

跟外公在一起打毛鸡的快乐,并不能缓解贫穷带给丁浪的焦虑和不满。尽管2006年起,当地学生在义务教育阶段不再需要交学费,但供一个孩子读书总免不了给家里增加各种支出,所以家里一直拖到丁浪八岁时才送他去上学前班。因为那时父亲外出务工赚了钱带回家来,家庭经济状况才有好转。丁浪入学后只过了一个学期,小他两岁的妹妹也在同一个班级里上课了。"我要上学的时候家里怎么就没钱?"作为被奶奶宠惯了的幺孙,丁浪有些心理不平衡。平时家里有什么吃的,奶奶都会悄悄给他吃,根本不让哥哥和妹妹看到。好在学校距离县城比较近,乡里的教育资源还是比较好的,朱家沟学校不仅有学前班、小学,还有初中,在德江县都算是比较好的学校了。

---

[1] 依照现行《中华人民共和国枪支管理法》和《中华人民共和国野生动物保护法》,个人持枪违法,在公共区域内未经官方授权许可的一切狩猎行为都是违法行为。但是在丁浪的青少年时期,即20世纪80年代和90年代,部分偏远农村地区仍存在打猎行为,后逐渐消失。

小学

更幸运的是，丁浪遇到了一个非常好的启蒙老师。班主任刚从师范院校毕业，与学校里那些连拼音都读不准的"老头儿"老师相比，这位年轻女老师的拼音显得特别标准，所以丁浪的普通话水平明显要比现在身边的同龄人好一些。年轻女老师给丁浪带来的不仅是标准的普通话，还有全新的教学方式，她会让孩子们上台分享学习发现，还时常点名让大家在课堂上畅所欲言，甚至鼓励孩子们参加艺术活动，登上舞台。丁浪是舞台的常客，唱歌、跳舞、打快板样样出色。总之，从学前班到一年级，再到四年级，在年轻女老师的呵护下，丁浪收获了自信，虽然学习不是特别拔尖，却觉得自己是班级里比较聪明的，也可以算在好学生之列。值得一提的是，年轻女老师很早就讲到了以后社会中人们学习、工作都会用电脑，这让当时尚未接触过电脑的孩子们产生了无限遐想，以至于大学毕业找工作的时候，丁浪总是想着要做跟电脑有关的工作。

小学的课程是轻松愉快的，每年寒暑假更是孩子们的快乐时光，丁浪同妹妹和堂弟丁伟最喜欢去的地方是后山的小河沟，因为可以趁着砍柴的机会去小河沟里游泳。河沟是马蹄河的支流，水不深、清澈、流速很缓，要翻过后山才能到。每天中午吃完饭，丁浪就拎着砍刀出门，爬过后山，沿着小路下坡，然后再上山，到达砍柴的地方，河沟就在脚下。先抓紧时间砍柴，用带来的麻绳捆好柴火，扛下山就到了河沟。丁浪在山路上如履平地，走在陡峭的山崖上也不会害怕。被马蜂蜇，被虫子咬，都是家常便饭，有时候还会看到粗粗的长蛇，那是山里常见的菜花蛇。山里的孩子似乎都会游泳，像是无师自通一样，玩着玩着就学会了。游到傍晚，再在河沟边的大石头上面晒一下。那一片全是小孩子，光着身子在那里跑，直到身上干透了，自己玩累了，才踏上归途。丁浪一直觉得，河沟是儿时的乐园，归家之途是磨炼意志的台阶，因为爬山、砍柴、游泳、玩耍都耗费体力，在玩够了、体力耗尽之后，还得走几公里的山路回家。尤其是在回家的路上，孩子们还会攀比——谁先跑上陡坡，谁先登上山顶。有时候看到柴好，会砍得比较多，重量也会增加很多，即便不和小伙伴攀比，丁浪也得咬着牙一步一步往上爬。可一起去砍柴的孩子们攀比起来很是认真：在回家的路上会有几个宽敞的路口可以休息，无论扛着多少柴，没到休息点就不能休息，半路休息的会被其他人看不起，所以再累也要死撑到休息点才能把柴捆从肩上卸下来。这段体验，让丁浪受益匪浅，很多次遭遇困境，觉得不行了，回忆起砍柴、背柴的经历都能咬牙坚持下来，坚韧的性格和结实的体魄或许是在扛着柴捆回家的山路上慢慢磨炼出来的。

与砍柴相比，干农活是真的烦。父亲不在家，丁浪和哥哥是家里最主要的劳力。假期里，丁浪每天很早就会被妈妈叫起来，扛着背篓，到山上去挑粪挑水、打猪草、拔豆子、掰玉米，再背回家，背篓凸凹不平的地方很容易把后背磨伤。童年的伤不止于此，那时丁浪和哥哥都很调皮，一旦干了什么出格的事情，或者做错了什么，都会被母亲暴打一顿。很多年后回忆起来，丁浪还会说"超疼"。其实那时常挨打，不只是因为丁浪调皮捣蛋做错事，还因为父亲常年不在家，母亲心情不好，拿孩子发脾气。一个女人独自支撑一个家，生活中的压力自然要大很多，可惜几个尚不知事的孩子根本不知道母亲的苦楚，只记得痛彻心扉的疼。

五年级时，学校突然接到教育局的通知，要男女分班，班里新来了一个年老的班主任。新班主任刻板教条得多，丁浪很不适应。随着年龄的增长，孩子们都慢慢懂事了，外面世界的诱惑也多了起来，青春期的叛逆心也逐渐增强，丁浪对新班主任的抵触情绪几乎持续了整整一年。一直觉得自己家里穷的丁浪开始注意周围的人穿什么、吃什么、用什么，对物质的欲望冲淡了对学习的渴望。

　　尽管六年级的时候，年轻女老师重新成为班主任，但丁浪的心思已经飘到学习之外，对新开的英语课，他更是深恶痛绝，原因是英语老师上课时让同学挨个起来念单词，丁浪发音不准，引得全班哄笑。这对好胜心很强的孩子来说是一种莫大的伤害，丁浪对英语本来就不高的学习热情彻底烟消云散了，从那时起，他不再主动背单词，反感灌输式的学习。丁浪觉得自己是大山里的孩子，如果不出大山，这辈子恐怕也遇不到一个讲英语的外国人，所以不学没什么关系。他还觉得自己可能没有语言天赋，很多单词在他眼里长得差不多，记也记不住。到初二的时候，丁浪完全放弃英语学习了。

　　转眼就到了小学毕业的时候，分别前的最后一节课，年轻女老师哭了，丁浪哭了，全班都哭了。孩子们是年轻女老师的第一批学生，女老师是这批学生人生中的第一个老师，彼此之间的感情是单纯、质朴、真挚的。丁浪哭得很大声，年轻女老师走过来安慰他，还在笔记本上留了一句勉励的话："做一个真正的男子汉。""多情自古伤离别"，虽然不是什么诀别，但分离总是痛苦的。不过分离的痛苦是短暂的，很快丁浪在朱家沟学校里迎来了自己的初中生活。

　　从上小学开始，丁浪每天沿着国道从家走到朱家沟学校，年纪小的时候需要半个小时，随着年龄的增大，单程时间缩短到20多分钟。小学时，由于中午要回家吃饭，每天来回四趟；到了初中要上晚自习，晚上也要回家吃饭，一天来回要跑六趟，鞋子的磨损速度变快了。一双新鞋子，只需要一个星期，鞋底就会被磨平。不只是丁浪，班里每个同学的鞋底都磨得很平滑，下雨天走在路上，一不小心就会滑倒。到了冬天就更痛苦了，晚上的气温虽在零度以上，可大山里的湿冷是刺骨的，山风呼呼地刮在脸上，家里和学校也没有取暖的地方，屋里屋外一样冷，即便是皮实的初中生，冷依然深入骨子里，每天来回的路途变成了一种煎熬。

触"网"

丁浪上初中的时候还能保持认真听课，却基本不做作业，老师上课教多少，就学多少，特别依赖老师的教学能力，整个初中阶段也没有真正完成过暑假作业、寒假作业。山里的孩子大多这样，家人的督促是有限的，老师对学生的管理也是相对宽松的，学习取决于老师的教学能力和学生的自觉性。升入初二后，丁浪跟不上英语课了，尤其无法掌握需要死记硬背的英语单词。最初他还可以用一些"小技巧"，在卷子的题干中找到考试要考的单词抄上去，但随着课程词汇量的增加，卷子上重复的单词越来越少，"小技巧"不灵了，英语成绩每况愈下。到了初三，丁浪觉得新开的化学课很有意思，化学成绩倒是不错。那年，同样调皮和不爱学习的哥哥没考上高中，跟着返乡回家的父亲在本地打零工，再后来跟着一帮年轻人到外地打工去了。在丁浪眼里，这是大多数山里孩子的人生路径：混到初中毕业，完成必须完成的九年义务教育，然后出去打工，除此之外，只有考上大学才能有所改变。丁浪最庆幸的事情之一恐怕是能够继续上学，尽管有种稀里糊涂的感觉。

当时德江最好的中学是德江一中，听说竞争很激烈，丁浪索性直接放弃，只报考了二中。丁浪对中考的印象是模糊的，记得有很多题不会，作文也是潦草写完，甚至连中考考了多少分都不记得。反正，最后还是被二中录取了。同年上学的妹妹学习成绩还要差一些，加上家里经济条件有限，无力支持两个孩子同时上高中、考大学，就选择了上中专，争取早点毕业找份工作，也算是一种解脱。堂弟丁伟家里经济条件还行，因此选择去贵阳读高中，大概是希望能够获得质量更高的教育。三个人在初中毕业之后算是分道扬镳，各走各的路了。

准确地说，大家都懵懵懂懂地离开了朱家沟学校，快十年的光景就这样过去了。丁浪远离家人，开启了高中生涯，用他自己的话说是"逃离了父母的魔爪的那种感觉，彻底解放了，就特别开心"。从上学前班到初中毕业，丁浪很少去赶场，很少去街上；到县城去上学，他能天天在街上混，接触到更多新鲜的东西，有了许多新鲜的体验，包括第一次住校、第一次去网吧、第一次和同学聚餐喝酒、第一次躺在床上和男同学聊女同学。

丁浪很快融入了高中的生活，高中的生活实在是比之前的学习生活有趣多了。第一年住校的时候，日子还相对比较单调，但是男孩子在一起讲究的是义气——有福同享，有难同当，有一口吃的大家分着吃，有一张床大家一起躺着睡，聊 high（兴奋）了，一堆人能聊一宿，甚至一个星期不回自己租的房子也可以毫无困难地活下去。做饭也是当时的一个乐趣。丁浪家距离高中比较近，还可以经常回家拿些新鲜的蔬菜，住得比较远的同学只能扛着一大袋洋芋来上学。好在大山里出来的孩子或多或少都掌握一点炒菜的技能，有的同学炒菜的技术还非常好，大家聚在一起做饭像是一场炒菜大赛，相互切磋一下颠锅、切菜技术。如果有点钱，还可以搞点肉来大快朵颐。虽然食材不是那么高级，也不是每一顿都有肉吃，却也是乐趣无穷。糟糕的是没到期末，大家的钱就都花完了，只能顿顿吃洋芋，洋芋丝、洋芋粒、洋芋片，三年高中上下来，别的东西不一定能吃够，却啥样式的洋芋都吃够了。

生活上，同学们聚在一起玩得特别好，感情特别纯朴，彼此很讲义气。可对于学习，丁浪只能说无可奈何，毕竟不是县里最好的中学，灌输式的教学方式和老师的教学水平实在让人难以恭维。班主任是语文老师，没有什么教学技巧，只会拿着课本站在讲台上念，抑扬顿挫，把自己感动得不得了，却连拼音都读不准，一些学习要点也讲不到点子上。物理老师在黑板上写完公式，开始解题，下面的学生都看懂了，讲台上的老师却摆弄半天，还没算明白。丁浪不仅觉得这些老师教学水平差，还觉得这些老师不值得他尊重，对学习自然也就采取了混日子的态度，感觉学习好累，不想继续读书了。

高中第二年，父母、哥哥和妹妹都不在德江老家，丁浪自己在校外租房子之后，生活得跟大多数学渣一样，完全玩开了。白天同学们可以聚在一起打篮球、打台球，晚上就去网吧包夜。丁浪第一次去网吧实际上是被哥哥带去的，啥也不会，只能坐在边上看哥哥打游戏，看了一会儿感觉很无聊。上高中之后，丁浪才在真正意义上去网吧冲浪。当时比较流行 QQ 聊天，丁浪立刻申请了一个账号，这个号一直到现在都还在用。因为网吧里没有笔，丁浪怕记不住刚申请到的 QQ 号，回去的路上一直反复默念，直到到家，把背熟的号码写在书上。以后再去网吧，闲着没事的时候，丁浪喜欢用 QQ 的"查找"功能天南地北地加好友，一直加到自己觉得够多。那会儿的年轻人都这样，把虚拟空间的生活作为现实生活的补充，探寻未知的网络世界。不过丁浪对聊天兴趣并不大，偶尔跟不熟悉的网友聊几句、视频一下，更多的时间是在打游戏。《穿越火线》（CF）、《QQ 飞车》等竞技类游戏是丁浪最爱玩的。由于以前没有接触过虚拟空间的 3D 视角，丁浪第一次打 CF，一时适应不过来，走出网吧，扶着墙差点吐了出来。网吧的消费对于高中生而言过于奢侈，比较省钱的玩法是把家里的电视搬到出租屋去，租个 DVD 碟片，通宵看片、看电视剧。

  这时已经走出乡村的丁浪不想向回望，家乡固然给自己的童年留下了诸多纯真快乐的记忆，但是贫穷与落后的偏远乡村还是给了他更多的推力，将他推向城镇，推向更繁华又丰富的生活。这时的丁浪未曾设想他未来会在这片沉静的故土上开辟自己的新事业，千百年来不曾改变的景观成了现代化弄潮儿追捧之地。

第二章

乡村里的学校

슈퍼마켓학

丁浪的成长经历了不断从山里向外迁移的过程，从村里到县里，最主要的驱动力是追求更好的教育条件。丁浪们之所以会面临教育困境，一方面是因为贵州地处偏远，优质教育资源自古匮乏，新中国成立前，90%以上的贵州人是文盲，只有少数官宦人家才会请先生教子女读书认字。另一方面则是因为城乡间的教育资源不均衡。但是，尽管焕河村地处偏远，焕河赵氏家族却曾经家世显赫，后人始终秉承诗书传家的家风。所以焕河村民虽然与其他寨子的村民一样日出而作、日落而息，面朝黄土背朝天，付出心血与汗水，在山地上耕耘，广种薄收，却是十里八乡最重视教育的，家家户户都努力给孩子创造上学的机会，也希望能够培养出有出息的孩子。

私塾

在风雨飘摇的近代中国，地处偏远的贵州倒没有过多地受动荡时局的影响，在外人眼里，这是一片没有太多战略价值的穷乡僻壤。即便是张狂的日本侵略者也没有在代号为"一号作战"的豫湘桂会战中把入侵贵州作为一个作战目标。虽然日本侵略者一度兵临贵阳，占领了素有"贵州南大门"之称的独山县，却也止步于此，未再深入。在崇山峻岭和抗日将士的双重护佑下，焕河村虽然感受到了"一寸山河一寸血，十万青年十万军"的热血，但依然算是一块贫瘠却可以放得下一张课桌的"乐土"。

贵州在民国初期仍旧沿袭清代私塾发蒙识字的传统，新式学堂非常少，当时只有贵阳的少数小学设预备班，且只收男性。后来贵阳城区和少数县城开始办幼稚园，但到 1947 年，贵州省公立幼稚园也只有 22 所，师资缺乏，设备简陋，软硬件条件较好的多为教会和私人设立的幼稚园。

小学在贵州建立得稍早。辛亥革命后，贵州开始普遍建立小学，推行四年制义务教育，但是由于当时战乱频发，资源短缺，人才稀少，这个四年制义务教育只存在于文件之中。到新中国成立前夕，全贵州的小学，包括中心学校和保国民学校约为 4000 所。在当时的贵州，读书识字并进入学校学习，对普通民众来说是非常奢侈的事情，且难以企及。为了弥补小学教育的不足，贵州实行"改良私塾"的制度，将教学质量较好的私塾改为单级初等小学（初小）。抗战时期，保国民学校被大量裁减，私塾又盛行一时。对孩子教育有要求的家庭，多会送孩子到私塾里念书。

焕河村的四个师范生就是在这一背景下成长的。1945 年，同抗日战争一同结束的还有焕河四个毛头小子的初中生涯。早在几年前，赵开选、赵武全、赵开凤、赵武宣这四个年纪相仿的小伙子就早早地被父辈送到隔壁村去读私塾，他们每天相约背起布口袋改成的书包，攀着山间小路一同去往学堂。从私塾到初中，他们是同班同学，互相陪伴又暗自较劲，比着读书，这使得他们在同届学生中始终名列前茅。那时，铜仁地区还没有师范学校，初中毕业后最理想的下一个求学之处便是省立遵义师范学校。在 1945 年的酷暑热浪中，大红的喜报被送到乡镇的初中，赵姓的四个小伙子早早地跑到学校门口守着，并在公示名单上找见各自的名字，喜不自胜，相互祝贺。

背上行囊前往遵义读书，是四个赵姓小子第一次走出大山。去遵义之前，他们连县城都没有去过，毕竟赶场最远也只是到周边乡镇集市。遵义作为抗日战争的大后方，曾接纳过包括国立浙江大学、中华民国海军学校、陆军大学在内的一批大学，还有大量内迁机关、企业、团体和流亡同胞，人口一度超过60万，规模超过贵阳。这里不仅有传统戏曲，还有新派话剧，就连饭店宴席肴馔都与苏、杭、沪、宁几无二致，甚至还有露天茶座：草坪上散种花木，留声机里传出中外名曲，颇具文化情趣。刚刚走出大山的四个赵姓小子真的是大开眼界，大长见识。

快活的遵义时光对赵开选来说是短暂的，读到第二年时，他收到家中书信，说家中实在拮据，拿不出学费了。二弟赵开维早到了上学的年纪，但因家中窘困，无法入学，而三弟赵开仕正是牙牙学语的年纪。家中几亩薄田仅够维持生计，养活大人和嗷嗷待哺的孩子之后，拿不出那么多银钱来给他交学费。虽然赵开选留恋遵义的生活，但他还是决定担负起长子的责任，辍学返乡，照顾家庭。临别，三位家乡同窗轮番劝他：再坚持一年就毕业了，再想想办法。可交不起学费，赖在学校也不是办法，不如回家开个学堂，赚些学费和粮食补贴家用，还能亲自教导自己的弟弟，将来弟弟和其他学生或许有机会替自己完成读书的愿望。

赵开选在收拾好师范学校发的课本，与三位故友和遵义的花花世界道别后，踏上了返乡的道路。除了二弟赵开维，焕河村还有不少学龄儿童要翻山越岭去别处读私塾。早已拿定主意的赵开选返乡后在自家堂屋里开起了私塾，自此，寨上有了自己的私塾。冲着赵开选师范生的名气，焕河和周边寨子的人家都将孩子送来读书，桌椅板凳都是焕河人从自家搬来的，拿不出现金，学费就用粮食代替。大家都信得过赵开选的教学能力，毕竟他是走出寨子、读过师范学校的高才生，水平自然很高。"他熟读古文，毛笔字写得也好，要不是家庭实在困难，他留在外面读完书是一定能做大官的。"寨上老人都这么说。

"人之初，性本善"，在寨上孩童的琅琅读书声中，焕河另外三位在省立遵义师范学校读书的学生毕业了。正值新中国成立前夕时局混乱之际，师范学校毕业的三人暂时无处安置，只得先行返乡落脚。"师范生回来了！"寨上人都赶着来看稀奇，看看这些在自己眼前长大的毛孩子饱读诗书后是个什么样子。三个师范生身上有多少学问，这些半辈子都在和黄土打交道的焕河人自然看不出来，只觉得他们身上笔挺的学生装有模有样，加上谈吐坚定，说话在理，有板有眼，不再是土里土气的山里人，不愧是到外面读过三年书的。"学了这么多学问，将来当了大官可不要忘了我们焕家沟[1]的人哪。"听着寨上人的打趣，三个年轻人边笑着回应，边背起背篼到地里帮家人做农活。

虽然年纪尚轻，但四个在外面上过师范学校的年轻人在寨上还是很受尊敬的。那几年，寨上发生家庭矛盾、邻里纠纷，人们常要找他们来调解，甚至周边寨子遇到官司也要跑来找他们讲理。一次一个姑

---

[1] 今天焕河村的重要组成部分被称为焕家沟，史称"宦家沟"，是指上焕组和下焕组两个村民小组覆盖的区域，是赵氏家族聚居之地，也是丁浪新媒体团队拍摄和活跃的区域，是本书故事所涉及的主要区域。但今天焕河村还有河底下、马鞍山等村民小组。——作者注

娘跑来私塾找到赵开选，气鼓鼓地讲述自家田地被外乡人霸占的事情，想让这些明事理的年轻人去帮忙打官司。外乡人霸占本地人的田地，这种事情是断然不会发生在焕河村的。焕河村除了赵家媳妇是外寨嫁过来的，即便是倒插门的女婿生了儿子也要姓赵，因此每家每户都是赵家人。外寨人敢来霸田占土，赵家人随口一喊就能召集成群的赵家军，三下两下把人赶跑。这个姑娘嫁去了别处，焕河是娘家，虽相距不远，但总归不再是赵家的地盘，以至于连个外乡人都能欺负她。外乡租户不仅霸占了田地，还托县里的亲戚直接将姑娘的丈夫抓进了班房。赵开选听了很是气愤，便和赵武全、赵开凤、赵武宣商量着写好了诉状，然后一行四人去遵义告状。诉状有理有据，因此这桩官司三天就解决了。遵义政府一通电话，这边警察马上放人。有了师范生，焕河人的腰杆都硬了很多。

在一些富裕的寨子，孩童四岁进私塾认字、读《三字经》，这一般被称为幼童开蒙。由于寨子里大部分家庭经济都不宽裕，因此在赵开选回村任教前，焕河村的孩子要到七八岁才被送到隔壁村念私塾。好在赵开选将私塾开在了自家堂屋，二弟赵开维尽管已经耽搁到九岁，但终于可以足不出户读上书了。私塾一开，寨上有不少四五岁的小毛头被送来读书，如今这批孩子已年过古稀，他们回忆起私塾时光时，都尊称赵开选为启蒙老师。赵武宜是赵开选开办私塾招收的第一批学生之一，被送来时刚四岁，也是最终继承了赵开选的衣钵在寨上任教时间最长的老师。赵武宜在寨上最好的朋友是赵开旭。赵开旭比赵武宜小三岁，但读书时二人常结伴。

"只用了一个学期我就把《三字经》念完，可以去读小学了。"赵开旭回忆自己最早在寨上读书的时光时说道。也正是他读完《三字经》那年，解放军路过乌江，沿着崎岖的山路走到寨上来，告诉他们"中国解放了！"。这是焕河的第二次解放。"他们是1951年的时候才到这里来的嘛，我们是第一次看到那些背着枪、穿着黄制服的解放军。当时的感觉是很怕，记得非常清楚，很怕。解放军就在那个坝子里休息，有个解放军把我抱在他怀里面，我也不敢说话，就是很怕。"当时年仅四岁的赵开旭对于解放军走进村寨的回忆是简单而质朴的，毕竟在此之前，焕河的赵家人没有一个见过真正的解放军，更没有人参加过任何一场战争，那是在山间和田土中生长起来的赵家人第一次见到武装整齐的解放军。直到1951年，中华人民共和国的成立才真正在大山深处的焕家沟具有了里程碑式的意义，赵家人也真正知道了，是这群身穿黄制服的解放军，一枪一炮地打下了新的天地。

村小

村寨里还是平和度日，山外面的变化则快得多。返乡的赵家小子没有亲身经历学校的接管和改制过程。新中国成立后，党和政府就把发展教育事业摆在突出位置，提出建设"民族的、科学的、大众的文化教育"，并确立教育"为工农服务，为生产建设服务"的方针。当时，农村人口是人民的主体，"为工农服务"的教育必然使农村教育成为整个教育事业发展的中心。普及是当时教育工作的主线，有计划、有步骤地普及儿童初等教育是目标之一。1949年11月25日，贵阳市军事管制委员会（简称"军管会"）成立，下设文教接管部。军管会成立以后，开始接管贵州省原有学校的工作，实行"维持现状，逐步改革"的方针。接管学校，首先是对图书、仪器、实验设备、其他物资财产进行清点、登记，然后通过召开会议对校长、教师、学生代表宣传政策，稳定情绪，做思想政治工作。因为工作方法得当，学校的接管工作进行得比较顺利，很快就恢复了正常的教学秩序。当时军管会接管了国立大学3所，国立中等学校（包括师范学校与职业学校）81所，国立小学494所。私立学校与公立学校合并，或转为公立学校。学校被接管后也经历了初步改造，加强了对师生、员工的思想政治教育以及业务培训，工农成分的学生大量增加。除此之外，贵州省还积极创办民族学校。

随后，全国范围内掀起了轰轰烈烈的土地改革运动。焕河地区当时属于银丝村，县里从沿河乡派来了一位姓乔的干部主持整个银丝村的土改工作。适逢全国各地都需要人才，寨上那三位拿到毕业证的师范生都被国家一纸调令，调到贵州其他地区主持当地土改工作，走上了"学而优则仕"的道路，此后很长一段时间极少回到焕河来。教育系统同样人才紧缺，尽管赵开选未完成学业，但全县找不出几个读过专业师范学校的教师，因此不久后，赵开选被当作专业人才调去银丝完小（完全小学）任教，开办在堂屋里的私塾就此停办。生产队为方便寨上孩子读书，反复向上级部门反映，又众筹在寨子的其他地方安置了学堂，县里才选派其他民间教师前来办学。这也是贵州省教育事业发展的缩影。到了1952年，随着贵州省经济社会恢复稳定，教育事业也得到恢复和发展。在1953年到1957年的第一个五年计划时期，全省高等学校在校学生达到3642人，中等专业学校（含中师）在校生达到1.18万人，普通中学在校生达6.24万人，小学在校生达到154.12万人。

1957年后,在全国"大跃进"的背景下,贵州大力发展职业技术学校,学校办工厂、农场,工厂、农场普遍办学校。学校的数量确实迅速增加,但是由于教学资源的发展没有跟上,教学质量受到了影响,所以之后的政策又对这种过热的发展进行了调整。焕河村作为相对偏远的村落,在这一轮大力发展中小学教育的浪潮中,于1960年建起了第一所正式村小学,有了专门的教室。

虽说桌椅板凳还是要从寨子里的人家筹来,但总归不再需要从这家堂屋搬去那家堂屋,没个定数。说起来,是赵开选的二弟赵开维提供了盖小学的木材。那两年正赶上赵开维从铜仁中师毕业,分配在德江一小教书,他刚攒下一年多的工资,带回家想新立个房子,一方面家里可以住得宽敞些,另一方面自己将来回寨上来也可以住。才将木料买来,房子还没开始盖,家里先后经历了大嫂带着孩子改嫁,三弟赵开仕婚后响应三线建设号召,去昆明做铁路工人。家里原有的两间房子足够家人居住了,立房子的事情搁置下来。此后不久,乡里又派人来通知说,盖房未经审批不符合流程,属于"有房又修房"的违章建筑。好在只买了木料,投入还不算太大,不让盖便不盖了。这堆木料一直闲置,赶上寨子里盖小学,要拿来用,倒是做了善事,物尽其用。

但小学建在哪里,各生产队意见不一。时任大队主任是河底下生产队的人,为了让自己生产队的孩子上学更方便,便择在距离自己生产队更近的地方建村小。要知道,山沟沟里但凡平整的地方早都被人占了盖房子,哪里还能找到大块的平地?选来选去,无奈只得选一间长久无人居住的老房子改建,正好用赵开维家收来的木料进行修缮,如此便可以开课了。老房子选址很是不好，在那里读过书的焕家沟老人至今还时常责怪当时的大队主任私心重，非要将学校办在不便又危险的地方。倒不是说选址距离焕家沟要走上半个小时的山路，而是因为那个地方没有水源，学生们用水不便，加之学校门口有个早些年烧土陶挖下的深坑，学生一不小心就会滑落到深坑之中，有极大的安全隐患。家长和老师整天提心吊胆，却也没有更好的办法，只能尽力看管好这些调皮捣蛋的娃娃。村小最早的校长是河底下生产队的张玉波，学校建好后没几年他就被调去了银丝完小。张玉波被调走时，正赶上读过一段时间初中的赵武宜返乡，他成了担任村小教师的合适人选。

赵武宜能够当老师真是命运的安排。他是赵开选的第一批学生。那时初入学堂的他还只是个四岁的小毛头，从蒙童起便受赵开选的影响爱读书，回忆起打小读书的经历，也是滔滔不绝："那时候在大队读到四年级后要去考高小，我本来是要到共和镇上去读。可是我的父亲爱喝酒，把老校长告诉他的考试时间给记错了。等我背上书包去镇上考试的时候，才发现人家前一天已经考完了。幸好考场还有县人教科的工作人员，他们跟我说旁边板桥公社的曾家坝大队也要办高小。听说还能赶上那个学校的入学考试，我火急火燎地又跑去那边考试，最后才能上高小，要不然那一年就被耽误了。"1959年高小毕业后，他便考上了当时最好的德江一中。初中学习经历中，他印象最深的是俄语和音乐这两门课程。初中时学会的许多革命歌曲，赵武宜后来都在村小教学中教给了孩子们，所以焕河村的村小比别处的村小要多一门音乐课。初中还没读完，赵武宜赶上了三年困难时期，德江一中的学生们被下派到各村去支持农业生产。支农结束后，也没有学可上，学校只能草草发了毕业证让学生们各自返乡了。阴差阳错之下，赵武宜成为焕河寨子里继承启蒙恩师赵开选事业的第二位村小教师，后来也成为担任村小教师时间最长的一位。

赵武宜在村小教了一年后，赶上全县推进普及教育工作，公社决定增加一位民办教师，便将河底下生产队的周信华也找来教书。随着教室从一个变为两个，村小的学生也越招越多，公社的许多学龄儿童被送到这里来。1965年，焕河村小还在城关区的教育评比中获得了流动红旗，教学事迹也登上了铜仁地区的光荣榜。赵武宜回忆起这个，骄傲地说："那年银丝完小都没有获得这一荣誉，还是我们一个小小的村小学得到了，我们的办学规模和质量还是可以的。"正是因为办学质量好，生源也不少，所以虽然他们是民办教师，但工资待遇并不比公办教师差。据他回忆，最多的一年，村小有学生94人，桌子47张，教师工资每个月有30斤粮食和16元钱，和当时的公办教师工资差不多。这一年，贵州的小学教育普及率大大提高，学龄儿童入学率达到78.3%。

村办

1978年实行改革开放以后，农村中小学教学秩序全面恢复，农村地区扫盲工作的力度增强，强调普及农村小学五年制教育，逐步实施九年义务教育。在这种背景下，到了1978年，村小学生不断增多，赵武宜向村支书申请再增加一个民办教师的名额。后来民办教师考核的第一名是他教过的学生，焕河本寨的赵武涛。赵武涛读书也晚，到八岁才入学，在赵武宜教书的村小里读完三年级后去了瓦厂完小读完小学。他读初中时不再需要跑到德江县城，因为共和镇上已经新办了初中，小学毕业后不用考试，去了都能读上。但读高中就没有那么简单了，唯成分论的年代不实行考试，而是由党组织根据分配的入学名额推荐。当时瓦厂乡与他一批在共和镇读初中的还有两位学生，论成分是贫下中农，比被划为富裕中农的赵武涛好一些，即便赵武涛的成绩与两个同学不相上下，也没有得到高中入学名额。读不了高中，初中毕业后的他只得回乡务农。当时，初中毕业在寨上已经算是同龄人中的文化人，所以赵武涛在寨上劳动时先后担任过生产队会计和团支书。

回忆起任生产队会计时的工作，赵武涛将自己比喻为生产队的"内当家"："生产队长的作用就是喊大家做活，每天安排活，哪块田要种什么，哪些庄稼适合种，哪一个季节种，哪样作物安排多少劳力，是外当家。生产队会计就是内当家，要记录这些东西，做好经济账目，收收发发之类的，和队长打配合。一个是外当家，一个是内当家，队长和会计就像一个家庭的男人和女人。农活也做。假设说你当生产队的会计，今天要到外地去开会，你就去开会，那么开一天会和你做一天农活是一样的工分。如果上面不通知你去开会，你就去干农活，就这意思。"1978年，赵武涛返乡6年后，被吸纳进村小成为民办教师。

赵武涛刚进村小教书的那几年，正赶上计划生育政策执行最为要紧的时候。因为超生，家里的牲畜被乡里的干部牵走、房子被砸烂的事情在寨上时有发生。在德江任教的赵开维也同样受到了影响。他是从铜仁中师毕业的,学历在全校教师队伍中首屈一指。1958年毕业后,他先后在德江一中、煎茶中学、德江一小、德江二小任教,教学经验丰富,算是优秀老师。随着计划生育政策的收紧,生了四个儿子的赵开维很难不受影响。1984年,由于超生,赵开维被调回乡镇,在共和镇上的瓦厂完小担任校长。担任瓦厂完小校长后,焕河的村小作为点上学校便也归其管辖。正赶上焕河更换大队主任,村小换址的事宜被提上了日程。新上任的大队主任是河底下生产队的覃直会,赵开维便与其商量。覃直会知道村小原址距离自己生产队的孩子们更近,但属实不适合办学——附近缺水,门口又有大坑。奈何在河底下生产队寻不到更好的位置可以搬迁,覃直会便与赵武宜和赵武涛商量搬到焕家沟去。这可是个好事,赵武宜和赵武涛马上找到生产队长商量。寨上倒是有一处位置不错,挨着道路,离水井也近,可那不是集体的地,而是一户人家的自留地。生产队长带着赵武宜和赵武涛两位老师找到这户人家商量,想拿一块集体的地置换。一听说是给寨上的孩子们办村小,这户人家没有推拒,欣然同意。

  前脚把选址确定,后脚寨子里的人就忙活起来。生产队长组织人手进行村小的搬迁工作,有人负责拆卸原址上的木头、瓦片,有人负责平整土地,有人负责搬运桌椅。虽说大队主任同意将学校搬到焕家沟来,但河底下生产队的村民很不满意,毕竟搬到焕家沟后,他们的孩子上学要多走半个小时的山路。覃直会倒也解释了,谁让你们拿不出一块地来办学校呢?人家焕家沟愿意贡献一块地将学校搬去,那自然要搬到那边去。河底下生产队的村民可不听这个,他们一心觉得是赵开维当了完小校长,偏袒焕家沟的人,所以他们要将桌椅板凳这些物料搬走,看谁家堂屋方便,也请老师来办学堂,不让自家孩子跑那么远去读书。一来二去，两个生产队争执不下，焕家沟的人在风风火火地进行着搬迁工作，河底下生产队的人跑来将桌椅板凳偷拿走了不少。

桌椅板凳拿走便拿走吧，学校拆下来的木料和瓦片可要守住，在那个时代，这些东西都不好买。焕家沟人心很齐，生产队得空的劳动力全部参与了搬迁工作，只用一天时间就把原来的学校给拆了。临近天黑，到了收工的时候，焕家沟的人担心木料、瓦片像桌椅板凳一样被人偷摸拿走。看着整整齐齐堆在一起的木料、瓦片，赵武宜和赵武涛两位老师自告奋勇地在材料旁，愣生生地熬了一晚上。"我们寨上的人去了，当天就把瓦片板片全部拆下来，放倒在地上，那时候大家的干劲相当大，柱头、棒棒那些，就怕有人来抢来偷。所以，我们两个老师就在那棒棒上睡了一晚，招呼着料子，就怕人偷。第二天我们就把那些材料弄过来，这样又几个整天就把新学校给建好了。那时人们非常团结，大家都很有干劲。"自此，焕家沟办起了村小，孩子们上下学方便多了。

之所以建一个校舍需要村民和老师花费如此多的心血和精力，是因为当时的社会经济发展状况还不能充分满足农村基础教育的需要。尽管党和政府十分重视农村教育体系的建设，也尽可能多地投入资源，但是由于当时社会经济发展水平较低，农村的发展速度更是慢于城市，在有几亿人口的农村地区全面普及义务教育绝不是可以轻轻松松实现的，而是充满艰辛和坎坷。普及义务教育之前，农村经济体制面临全面改革，"三级所有，队为基础"的体制被打破，社队办学困难。为此，国家提出按照"两条腿走路"的方针筹措教育经费，并确定了"地方负责、分级管理"的管理体制，事实上形成了以乡镇为主进行管理的义务教育体制。由于乡镇财力薄弱,只能动员农民参与办学,因此形成事实上的"农村教育农民办"。在经费不足的情况下,农村集体大量任用民办教师,这些民办教师在艰苦环境下默默奉献,殚精竭虑地为村里的孩子们创造上学的条件,为孩子们长大后能走出去学到更多的知识和技能,回到村落进行经济社会文化建设打下了坚实的基础。

知识与命运

村小的发展在 20 世纪 80 年代后期达到顶峰之后,走上了下坡路。赵武宜至今还保存着当年的一些资料。十一届三中全会后,他的喜悦心情在手写的《焕河大队学校教学工作计划(一九八二至八三学年度)》中体现得淋漓尽致。

焕河大队学校教学工作计划
(一九八二至八三学年度)

党的十一届三中全会以来,我国形势发展很快,各行各业突飞猛进、欣欣向荣,迎来了党的十二大的胜利召开。全党全军、全国亿万各族人民将在十二大精神的鼓舞下更加信心百倍、斗志昂扬地为伟大祖国的"四化"建设而奋斗。我们教育工作者诚然不能例外,肩负着为祖国培养和造就又红又专接班人的重任，必须尽快地提升教学质量。为此，特拟订工作计划如下：

一、学政治理论，提高师生的共产主义觉悟

为了使师生在新形势下提高共产主义觉悟，明确奋斗目标，必须加强师生的政治理论的学习。

1.学校要组织师生学习马列主义、毛泽东思想，重点学习党的十二大文献及五届五次人代会[1]文献，结合学习《邓小平同志的文稿选编》《陈云同志的文稿选编》《党的十一届三中全会以来中央文件的选编》。要坚持共产主义，克服个人主义，树立共产主义的世界观。

2.要继续深入广泛地开展"五讲四美"和向雷锋同志学习的活动。要求师生向雷锋同志学习，多做好事，以讲究社会文明、尊重社会公德为荣，鼓舞师生学习英雄的先进模范事迹。

3.认真抓好少先队工作。我校中队辅导员应主动地抓好少先队的组织建设，争取在十月份做到全童入队，并加强开展好少先队的活动。

4.密切配合学校、社会、学生家庭，有效地教育好学生。每个教师必须经常对学生进行家访，了解学生的思想情况，做到一学期每个学生家访一次。个别学生（必要时）家访两次。

---

[1] 此处疑为赵武宜笔误。

二、严格遵守执行岗位责任制

为了搞好教学工作，必须把师生的思想整顿好，故本学年度特制定如下岗位责任制：

1. 基本工作任务：

我校三位教师既是班主任又是科任教师，为了使学生能很好地学习，每个教师必须善于了解学生的思想情况。必须对学生进行耐心的、深入细致的思想工作。做好班务工作的记载（如学生的思想表现、学习情况、好人好事、家访工作等记载），摸清学生的具体情况，以便有效地教育好学生。

2. 考勤制度：

从八二年的九月一日起开始执行岗位责任制，我校建立考勤领导小组一个，设考勤簿，教师出勤（情况）主要由负责人填写或大家轮流填写。

①做到一般不缺勤。我校三位老师通过暑假的思想整顿和学习，提高了认识，热爱和忠诚党的教育事业。除节假日或特殊事故外，每月保证出勤25天，每天工作8小时。

②严格履行请假手续。教师有事必须请假，事先写好假条，3天之内由学校负责人批准，3天以上由公社学校校长批准，10天以上由区教办批准。未经批准，不得擅自离校。

③严格遵守考勤奖惩制度。我校三位教师一致认为考勤奖惩制度是推动教学工作的有效措施，我们必须严格遵守公社学校所制定的考勤制度。

3. 考绩制度：

我校三位教师任课采取坐班制，决心从本期开始，全面贯彻党的教育方针，认真学习《教学大纲》，按照大纲的要求，努力完成教学任务，提高教学质量。

从本期开始，由县、区、社教育部门监考验收，（学生）达要求的由班主任批准升学，达不到要求的返回原班级。我们决心做到我大队的入学率达60%以上，巩固率达80%以上。教学效果：一、三年级语文及格率达　%，数学达　%；二年级语文及格率达　%，数学及格率达　%。[1]

考绩奖惩办法：①入学率、及格率、巩固率，达到规定标准的学校负责人、任课教师按公社学校规定的受奖；②入学率低于规定标准的10%，巩固率、及格率低于规定标准的20%的，负责人、班主任、任课教师按公社学校规定的受罚。

三、狠抓普教和农民教育

"普教"和"农教"是当前教育战线的主要工作，必须抓好这两项工作。

1. 切实抓好普教工作。开学后我们采取包片、包队、责任到人的办法，教师分片下队，逐户动员适龄儿童（特别是女儿童）入学，入学率基本达　%以上。

2. 抓好农民教育，大办农民夜校。我大队计划在焕家沟、河底下两片筹办农民夜校一所，预计学员焕家沟20人，河底下15人，全大队共预计有学员35人，计划在9月下旬开学上课。夜校教师就地取材，根据情况，公社教师应当担当。争取在全大队扫盲2人。

---

[1] 手稿没有写明具体百分比，下文类似数字空缺也是如此。

四、认真搞好教学工作，提高教学质量

鉴于我校教学质量低下的状态，我们决心从本期开始，努力提高教学质量，下决心在本学年度见到较好的效果。

1. 拟订好教学计划。任课教师必须拟订好教学计划（语数），保质保量地完成教学任务。

2. 加强双基教学。开学后教师要通读教材，做好双基排队，加强双基教学。

3. 认真备好课和上好课。学校负责人必须带头备好课并监督教师备好课，备课必须要求备教材、备学生、备教具、备教法、备习题五个环节，坚决杜绝无教案上课的现象。

4. 建立教研组，积极开展教研活动。我校三位教师建立语数联合教研组一个，语文由赵武宜老师负责，数学由周信华老师负责。计划在本期的第九周，在一年级进行语文公开教学一次，要求学校领导及有关兄弟学校的语文教师参加，抛砖引玉，从中探索教学经验。

5. 作业做到认真批改。每个教师对学生的作业必须认真地全批全改，坚决反对对就钩、错就叉的敷衍了事的坏作风。

五、加强文体卫生工作

加强文体卫生工作，能保障青少年的健康成长。这一工作十分重要，必须认真开好体育课，加强学校环境卫生。教育学生必须勤洗脸、勤洗衣，讲究卫生。

六、加强安全工作

安全工作是保障学生健康成长的关键。我校侧边路边有

个坑，每个老师要经常严格（制止）学生到坑边玩，并将坑口危险处拦好，以免意外事故的发生。

一九八二年九月八号

普及

1985年，《中共中央关于教育体制改革的决定》发布后，贵州省于同年跟进，开始积极地、有步骤地实行九年义务教育，加速发展民族教育。1986年，《中华人民共和国义务教育法》颁布实施，普及农村义务教育是当时教育事业发展的重中之重。中央下拨的民办教师转为公办教师的名额共有120万个。村小的周信华老师在此之前考去了德江师范学院，毕业后自动转为了公办教师。经审核，赵武涛和赵武宜两位老师也转为了公办教师。县教学办考虑到焕河村小生源不多，便将赵武涛转为公办教师后调去银丝完小任教。依照教学办的安排，赵武涛充分利用其前期担任生产队会计的工作经验，在教学任务之外，还承担了完小的部分财务工作。焕河村小里只剩下赵武宜勉力支撑。赵武宜在1989年二年级班务工作计划中这样写道："学生年龄较小，成绩较差，思想落后，纪律涣散，教育管教任务亦极为艰巨。"乍一看学生似乎无可救药，可再往后看，"为了管教好学生，加强家访工作，与家庭紧密地配合，是行之有效的好办法。一学期内每个学生家庭要做到家访一至二次，条件好的（近处）及情况特殊的学生家庭必须做到家访三至五次，使之有效地管教好学生"。老师的强烈的责任感令人动容。在民办教师大量存在的年代，老师的教学水平可能参差不齐，可焕河村小的老师真是鞠躬尽瘁。

焕河小学八九至九〇年学年度二年级班务工作计划

（一）基本情况

本学年上期我班共有学生总人数12人，男生　人，女生　人，学生年龄较小，成绩较差，思想落后，纪律涣散，教育管教任务亦极为艰巨。

（二）认真加强思想政治教育

近两年来对学生的思想政治教育抓得不够，致使学生政治思想落后、学习没有明确的方向，为了把学生培养成为祖国可靠的红色接班人，政治思想教育必须从小认真抓好。教育学生热爱党、热爱人民、热爱社会主义，尊敬师长，热爱同学，学雷锋做好事，加强五讲四美，从小培养成为"四好学生"。

本期开学后第二周利用班会及体育课，对学生进行爱国思想教育，教育学生认识北京反革命暴乱的性质，从而教育学生加强对共产党、对社会主义制度、对共和国的坚强柱石中国人民解放军的无限热爱。

除此之外，利用班会及思想品德课经常对学生加强思想品性、文明礼貌方面的教育。

（三）加强纪律教育

为了教好学生，纪律教育是关键，必须十分加强，必须教育学生遵守《小学生守则》，做到不打人、骂人，按时上下课，不迟到，不早退，爱护公物，不损害群众的庄稼，不吸烟、不喝酒、不赌博，对赌博的学生要严格制止，视其情节向学校报告处理。使之从小养成良好的遵纪守法、遵守纪律的道德风尚。

（四）加强安全教育，做好安全工作

为了使学生能在校安全顺利地学习、健康地成长，班主任老师必须对幼小的学生加强安全教育，确保学生的安全。

1. 本学年坚决杜绝学生打架。禁止学生随便下河洗澡。

2. 学生在校生病，班主任必须善于观察分析，除采取土办法给学生治疗外，尚不能解决（的），（应）立即将学生护送回家，叫家长设法治疗。

3. 禁止学生抢火炮、捉蛇、爬树、逗牛角蜂，以免发生意外事故。

4. 每逢涨水，对河底下的那一片的学生必须护送，万一不能过河，把学生留在自己家里食宿，以确保学生的安全。

（五）加强家访工作

为了管教好学生，加强家访工作，与家庭紧密地配合，是行之有效的好办法。一学期内每个学生家庭要做到家访一至二次，条件好的（近处）及情况特殊的学生家庭必须做到家访三至五次，使之有效地管教好学生。

班主任：赵武宜
八九年九月七日订

赵武涛调到完小后，赵武宜的侄子赵洪武高中毕业后在村小任教了一段时间，没能赶上民办转公办的机会。民办教师较低的薪资，让他坚持了几年后便也南下务工去了，村小自此走向了没落。即便是走向没落，村小在1992年还是有32个一年级的学生，从下面这份陈旧的报名册中可以看出一年级学生的年龄相差颇大，从7岁到13岁不等，相差了6岁之多，这是山里教育的真实状况。从"第一学期收费"那一栏可以看到，一些家庭经济状况不佳，没有足额交学费，只好有多少交多少，剩下的等有钱了再补上。

焕河村学校九二至九三学年度一年级学生报名册
1992年9月

序号	姓名	性别	出生年月	年龄	民族	农非人口	招升留转[1]	家庭或寄居地址	家长姓名	第一学期收费
1	赵贡超	男	1985.元[2]	7	土	农	招	上焕村民组	赵武台	10
2	赵贡芳	女	1983.10	9	土	农		同上	赵武才	19.00
3	张慧	女	1985.03	7	土	农	招	同上	张连宪	19.00
4	赵贡辉	男	1979.04	13	土	..[3]	留	同上	赵武生	10
5	赵贡珍	女	1984.07	8	土	农	招	下焕村民组	赵武月	10
6	赵肖贵	男	1984.06	8	土	农	留	同上	赵武祥	10
7	周小军	男	1981.05	11	土	同上	招	河底下村民组	周信琢	19.00

---

[1] "招升留转"意为新招入学、升学、留级、转学。
[2] 此处"元"为原手稿记录，应为元月的意思。
[3] 表格中的两点和三点意为"同上"。

续表

序号	姓名	性别	出生年月	年龄	民族	农非人口	招升留转	家庭或寄居地址	家长姓名	第一学期收费
8	周敏	男	1983	9	土	同上	招	同上	同上	19.00
9	周彩芳	女	1982.06	10	土	同上	招	黄顺田村民组	周信涛	5.00
10	周室	男	1982.09	10	土	同上	招	…	周信国	19.00
11	周远	男	1984	8		同上	招	河底下村民组	周信安	5.00
12	赵蓉	女	1984.05	8	土	同上	招	马鞍山村民组	赵贡成	19.00
13	赵芬芬	女	*1985*[1]	7	土	同上	招	上焕村民组	赵开润	19.00
14	赵江奇	男	*1984*	8	土	同上	招	同上	赵全武	10.00
15	赵江勇	男	1984.06	8	土	同上	留	下焕村民组	赵武平	
16	周素凤	女	*1983*	9	土	同上	留	黄顺田村民组	周信怀	
17	赵婧芳	女	1984.07	8	土	农	招	羊尔圹村民组	赵武胜	10.00
18	赵贡芳	女	1982.04	10	土	同上	转	同上	赵武汉	
19	赵江琴	女	*1985*	7	土	同上	招	同上	赵开祥	10.00
20	赵贵强	男	1985.04	7	土	农	招	同上	赵开武	10.00
21	周恩	男	*1985*	7	土	同上	招	河底下村民组	周家怀	
22	张连素	男	*1985*	7	土	同上	招	黄顺田村民组	张月忠	
23	张全霞	女	*1985*	7	土	同上	招	同上	张月奉	
24	赵腊霞	女	*1985*	7	土	同上	招	马鞍山村民组	赵武尧	

---

[1] 年份中的斜体部分为作者团队在村中走访后根据访谈资料整理所得，原表格中为空白。

普及

续表

序号	姓名	性别	出生年月	年龄	民族	农非人口	招升留转	家庭或寄居地址	家长姓名	第一学期收费
25	张连婵	女	1984.02	8	土	同上	招	黄顺田村民组	张月龙	
26	周彩霞	女	1982.05	10	土	同上	招	黄顺田村民组	周家	
27	赵红	男	1984.09	8	土	同上	招	马鞍山村民组	赵武生	
28	周泽英	女	1982	10		同上	招	河底下村民组	周信钟	6
29	赵素琴	女	1985.10	7	土	同上	招	上焕村民组	赵开彦	10
30	赵贡英	女	1983.10	9	土	同上	招	羊尔圹村民组	赵武汉	19.00
31	周代	男	1985	7	土	同上	招	马鞍山村民组	周贤军	19.00
32	赵贡巧	男	1985	7	土	同上	招	羊尔圹村民组	赵武文	19.00

农村教育

村小可以说是焕河村落文化发展变迁的缩影。新中国成立前，贵州因为地处偏远，社会经济发展落后，少数民族聚居地区相对封闭，读书识字对于绝大多数人来说是可望而不可即的，只有非常少的家庭可以为子女提供教育机会。新中国成立之初，全国文盲率高达80%，而贵州少数民族地区文盲率则高达90%以上。焕河村的赵姓四子可以进入私塾读书，继而到遵义读中学，这种机会和实力在贵州乡村地区非常稀有。但是正是这珍贵的读书机会为焕河村后来的教育事业发展留存了火种，为新中国成立后焕河村村办小学培养了教师力量。

教育有多么重要其实不需赘言。所谓"知书达理"，读书在中国历史上一直是改变个人和家庭命运最重要的途径，而对于工业化和现代化来说，接受过教育的劳动力可以助力技术进步、产业发展。对于农村地区来说，赋能教育是摆脱贫困最有效的路径，获得知识和能力是应对发展挑战的基础。因此新中国成立以来，党和政府一直十分重视教育事业的发展。新中国成立后，政府接管各类学校私塾，开办各类工农学校，开展农村全民识字运动，并对农村教育进行社会主义思想改造。此前工农子弟几乎没有受教育的机会，为使工农子弟能够平等地接受作为新中国健全公民所必须接受的基础教育，国家确立了教育"为工农服务，为生产建设服务"的方针，普及小学教育成为发展农村基础教育的重要任务。一方面政府办学与群众办学相结合，在稳定发展公办小学的同时，鼓励农村地区自己集资兴办小学。1956年1月，中央首次提出乡村小学基本上由农业生产合作社办理。另一方面，国家也鼓励多种形式办学，即可以办全日制小学，也可以办非全日制小学，所以当时的小学形式多种多样，如隔日制、半日制、早班、午班、晚班、巡回小学、一揽子小学、季节小学等等。基础教育的广泛推广极大地提高了农村地区的识字率。为工业化和农村发展培养了大量受过教育的生产力。

这一阶段中国农村最大的社会经济变化是集体力量的加强和城乡计划经济的发展，村小的发展正是这些变化的缩影。从没有完成学业的师范生在自家堂屋办私塾，到村小正式成立，依靠的是村集体的力量和民办教师的支撑，村民齐心协力，集资办学。虽然教育质量可能无法与县城、乡镇的小学媲美，但家门口办学的模式才真正让大山里贫困的孩子们获得受教育的机会。

1978年后，中国的农村教育结构大幅度调整，针对之前的无序扩张导致的农村中小学数量急速膨胀，教育部依照"调整、改革、整顿、提高"的方针，启动了教育体制重建，农村中小学被大幅度撤销或合并。改革开放的新政策也开启了中国社会经济发展的新征程，对于教育也提出了新的要求。邓小平曾指出，"办教育要两条腿走路，既注意普及，又注意提高"，要培育"四有新人"，即有理想、有道德、有文化、有纪律的青年，这也成为这一时期办学的方针。新的教育方针提出了奋斗目标，鼓舞了城市和乡村的广大教师队伍，从上文展示的《焕河大队学校教学工作计划（一九八二至八三学年度）》中也可以略窥一二。

改革开放后我国经济迅速发展，快速推进工业化和城市化，在这个过程中，人们发现要想使发展可持续，想提高科技水平实现"四化"（工业现代化、农业现代化、国防现代化、科学技术现代化），必须依靠人才，"人才是第一生产力"，而人才培养的基础在教育。教育应该着重为社会经济发展培养人才，服务经济建设。

尽管改革开放初期城乡教育水平都不算发达，但是农村地区的教育发展格外落后。随着人民公社制度的消失，农村办学所需的资金不能再依靠集体经济。计划经济时期农村的集体组织也随着家庭联产承包责任制的广泛实施逐渐失去机能。农村社会经济快速发展，但是农村办学思想、教育体制、教育结构、教育内容却没有跟上前进的步伐，因而为了应对农村教育所面临的难题，国家开始在20世纪80年代中后期对农村教育体系进行集中改革。1984年，国务院颁布《国务院关于筹措农村学校办学经费的通知》，指出"必须采取有效措施……在逐年增加国家对教育基本建设投资和教育事业费的同时，充分调动农村集体经济组织和其他各种社会力量办学的积极性"。

但是我们知道，教育作为公共服务的重要内容之一，其发展无法脱离社会经济现实。1993年后，我国经济体制改革从传统的计划经济向社会主义市场经济转变，在农村教育前期发展的基础上，中共中央、国务院颁布《中国教育改革和发展纲要》，提出在20世纪末实现基本普及九年义务教育、基本扫除青壮年文盲的目标（简称"两基"），农村教育的重点开始转向"两基"，农科教结合这一改革逐渐偃旗息鼓，农村办学与农村社会经济发展渐行渐远。好好读书，离开农村，找一份体面的工作，留在城市里，成为农村家庭的愿望，反映了农村居民对教育的认识，还反映了当时农村发展的困境。一方面，1994年广泛实施"分税制"改革后，农村地区的工业和农业产业发展相对缓慢，地方政府，尤其是乡镇财政失去办教育的经济基础，难以承担义务教育的责任。加之相关政策调整的滞后，导致农村义务教育经费匮乏，长期拖欠教师工资，严重制约了农村义务教育的发展。另一方面，从改革开放到20世纪末这段发展时期实际上是以城市化和工业化为重心的，城乡差距极速拉大，农村空心化日益严重。

因此在农村人口大量被工业化的拉力拉动外流的情况下，农村办学似乎出现了一个悖论，那就是越发展教育，人越外流，农村越空心，学生越少。农村学校都是在为城镇输送人才，而既然读书的目的是流动到城镇去，那相对低下的农村办学质量对于家长和学生来说也不再具有吸引力。农业技术教育的相对落后、农村发展机会的缺乏、农业现代化进程的缓慢更是让面向农村农业技术与实践结合的土壤一片贫瘠，没什么孩子愿意学习农业专业。因此，2000年以后，随着寨上人口的大量外流，留在寨上读书的适龄儿童越来越少，根据政策规定，焕河村小的生源数量、图书室等基础设施已经达不到基本的办学条件，在2001年送走最后一届学生后便正式关闭，仅剩的老师赵武宜也被调去完小工作，焕河村的办学时代宣告结束。村小的衰落和村寨文化传承的衰落几乎是同步的，在中国融入全球工业体系的过程中，农村成为廉价劳动力的蓄水池，大量农村劳动力外出打工，孩子外出上学，村寨空心化的趋势不可避免。不过，随着社会经济的发展，加之国家对农村发展的重视，焕河村的文化传承又在乡村建设和乡村振兴的背景下，在村民的努力下焕发了新的生机。当年村民们齐心协力搬过来的校舍划归村集体资产，留存至今，成为传统村落保护系列建设中的"乡愁馆"。

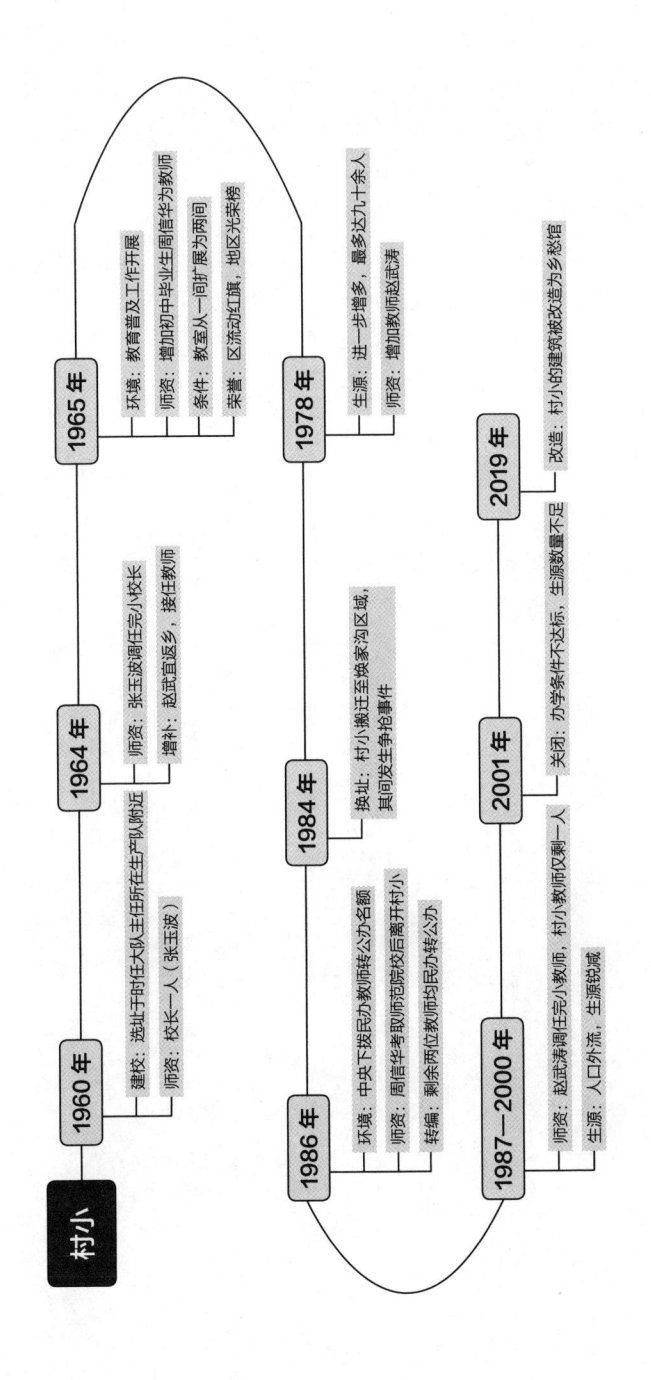

村小

1960年
- 建校：选址于任大队主任所在生产队附近
- 师资：校长一人（张玉波）

1964年
- 建校：张玉波调任完小校长
- 师资：赵武直返乡，接任教师
- 增补：校长一人（张玉波）

1965年
- 环境：教普又工作开展
- 师资：增加初中毕业生周信华为教师
- 案件：教室从一间扩展为两间
- 荣誉：区流动红旗，地区光荣榜

1978年
- 生源：进一步增多，最多达九十余人
- 师资：增加教师赵武涛

1984年
- 换址：村小搬迁至换家沟区域，其间发生争抢事件

1986年
- 环境：中央下拨民办教师转公办名额
- 师资：周信华考取师范院校后离开村小
- 转编：剩余两位教师均民办转公办

1987—2000年
- 师资：赵武涛调任完小教师，村小教师又剩一人
- 生源：人口外流，生源锐减

2001年
- 关闭：办学条件不达标，生源数量不足

2019年
- 改造：村小的建筑被改造为乡愁馆

农村教育　　043

第三章

外出闯荡

闯荡

混日子总是很快的，一眨眼丁浪的高中生活就要结束了，之前想好了不再读书，学习早已落下不少。丁浪高考后根本没去填志愿，大学似乎与他无缘了。别人都在填报志愿的时候，丁浪看到县城里有一家照相馆在招学徒工，虽然一个月只有300块钱，但比闲着无事强，于是他跑过去应聘学徒工。那是丁浪第一次接触相机，第一次接触Photoshop（图像处理软件，简称"PS"），第一次在电脑上工作——修照片。那时他根本没想到相机、PS和电脑会成为未来的创业工具。

暑假快要过完，要考虑以后做什么了。丁浪向往大城市，想出去看一看花花世界，体验一下外面的生活，恰好母亲、哥哥、妹妹都在福建某个城市打工，妈妈在面包厂，妹妹在鞋厂，哥哥在电子厂。丁浪直接跟哥哥一起，进入电子厂做流水线工人，主要工作就是坐在拉线边用螺丝刀机械地拧螺丝。在流水线上，丁浪周围坐的全是小姑娘，她们一边做着手里的活计，一边有事没事地聊着，倒也不乏味。遇到电子厂没有订单，一大堆年轻人能坐在那里侃一天，丁浪是为数不多的男工，个性温和，善解人意，颇受小姑娘欢迎。下班后，丁浪会跑去网吧打游戏，打累了就回到工厂宿舍睡觉……简单重复的生活反而让人觉得很快乐。一家子（除了父亲）都在一个城市打工的好处是可以周末跟妈妈、哥哥、妹妹在一起聚聚，初中毕业之后，倒是这一年和家人在一起的机会比较多。到了快过年的时候，妈妈、哥哥和妹妹都返回了德江老家，丁浪还没享受够外面的日子，选择一个人在福建过年。

　　过完年，丁浪突然接到妈妈的电话，妈妈在电话中劝丁浪复读、考大学。原来，妈妈认为丁浪放弃继续读书、出去打工是因为觉得家庭条件不好，想要减轻家庭负担。妈妈回德江老家看到跟丁浪一起上学的孩子中有在复读的，顿觉家里太亏欠丁浪了，便打电话来劝他回老家复读。可是，感觉读书是一件苦差事的丁浪不想再次高考，斩钉截铁地拒绝了。妈妈不死心，苦口婆心地继续劝说，说着说着就哭了："反正你打工赚钱也不靠这几个月，还是要回来复读一下，考上了大学，未来人生就会比现在好。"丁浪听到妈妈的抽泣声，于心不忍，勉强答应回老家复读——之前自己挖下的坑，还得自己来填。复读这半年，家里人又都出去打工了，他依然是一个人在德江生活。高考前，爸爸打来电话，嘱咐他好好考试，反倒是把丁浪揪回老家复读的妈妈什么都没有说。至于选什么学校，读什么专业，都由他自己决定。

　　丁浪填报志愿的时候想法特别简单，既然成绩不是很好，那一本二本不做考虑，三本才是真正的关键。在大山里长大的孩子向往沿海发达地区城市的生活，加上打工时对福建的印象相当不错，丁浪毫不犹豫地选择福建的一所学校作为第一志愿。天不遂人愿，尽管学校录取分数线不高，但丁浪的成绩还是差了点，只好屈就第二志愿：金华职业技术学院。好在这所学校所在的城市也在沿海地区，只是在专业选择上令丁浪有点为难。

　　丁浪把国际贸易作为第一选择，他也的确被国际贸易专业录取。

他想着学习一些经济、金融、国际贸易的知识，将来可以去大城市闯天下、做生意。可是没想到，到学校一上课，立马傻眼了，那么多课都是和英语有关的，自己在初二时就已放弃的英语再次成为大学里的拦路虎。可想而知，大学期间，和英语有关的课程丁浪基本上是糊弄过去的。相较英语，丁浪比较喜欢的课程是跟电脑有关的。在照相馆做学徒工时他学了一些基础的Photoshop操作技巧，大学期间又自己买相关图书好好地拓展了一下，至于其他的课程，觉得将来用得着的好好听，用不着的马马虎虎过去了。虽然在大学里没有学到什么"真才实学"，但在金华义乌这个浙商遍地走的地方，丁浪还是学到了一些和做生意有关的知识的，更难得的是，人们茶余饭后都是谈论如何创业，如何自己当老板，这或许比学校里的任何知识都更加吸引年轻人。

说起当老板，丁浪并不陌生，姑姑家的表哥就是从贵州山区的打工仔一路做到小老板的。表哥大丁浪十岁左右，高中毕业没上大学，离家出去闯荡。表哥的创业史充满了艰辛，最苦的时候只能睡桥洞，好在慢慢积累了一些资本，在江门开了一家鞋厂。珠三角早在20世纪80年代之前就有港资开办的鞋厂，80年代中后期开始承接全球鞋业产业转移带来的外来加工浪潮，90年代之后更是遍地鞋厂，仅著名的东莞厚街便有鞋厂1000多家。与真正承接外贸出口大订单的鞋厂相比，表哥的鞋厂只能算是一个小小的鞋业作坊。丁浪上学的时候离姑姑家比较近，经常跑去蹭饭，和表哥混得很熟。等到大学，丁浪利用课余时间给鞋厂设计平面广告，赚些外快，主要流程是厂里拍摄鞋子的样品图，然后发给丁浪进行后期处理和制作宣传海报等。表哥也早早邀请他去自己的厂里工作，这倒是符合丁浪的想法：东莞也在沿海地区，虽然算不上大都市，但与贵州的大山比起来已经是繁华的大城市了。

电商

丁浪上高中时正是互联网这种新生事物在城镇开始普及的时候。但互联网作为生根于工业社会的产物，其生发势必带有工业社会的特点，即生成于城市，作用于城市，发展于城市。互联网在中国的发展最初也带有明显的城乡区隔。

为了让农村发展跟上信息化的步伐，弥补城乡间的数字鸿沟，国家陆续出台的多项政策从各个方面积极推进农村信息化建设，一定程度上弥补了城乡间互联网使用的差距，农村居民"触网"比例不断提高。但是当农村居民跨越了数字鸿沟的第一道接入沟，连接进互联网后，才发现还有使用沟和知识沟横在他们面前。这是因为他们尚未掌握互联网里文化资本和社会资本的生产和使用知识。而且在农村内部，也因为经济发展程度不同，接入程度存在差异。在东南沿海一些经济较为发达的地区，农村居民已经开始开设电商店铺创收，但很多农村，尤其是中西部地区的农村仍旧徘徊在数字空间之外。所以丁浪们在刚刚接触互联网，将互联网的使用作为一种娱乐时，东南沿海地区的一些乡镇、农村已经开始把互联网作为创收致富的新工具。

东莞是改革开放后最先发展起来的工业区之一，一直是外出务工人员打工的聚集地，也是电子商务发展最早的地区之一。

丁浪初到鞋厂的时候想从皮鞋设计学起，但没多久便发现皮鞋设计并不是自己喜欢的工作。相较在纸上作画，丁浪更倾向于在电脑上处理图片，他还记得当年老师说的话，自己的工作应该和电脑有关系。恰好这时表哥的鞋厂想尝试搞电子商务，摸索发展淘宝业务，招聘了一个专职运营人员。但招聘来的运营人员也缺少电商从业经验，对电商流程并不熟悉。最早上线淘宝平台时，表哥的店铺甚至没有自家商品的实物图，店里挂的商品照片和详情页都是从其他淘宝店铺里直接盗用的。没想到有一款鞋突然在网上卖火了，鞋厂生产的实物和盗用图片中的鞋差别太大，被顾客大量投诉，不仅商品被平台下架，店铺还被罚了不少钱。这让表哥意识到电商业务需要专业运营，只靠一个并不专业的人远远不够。

恰好丁浪不想继续学皮鞋设计，便主动申请去做电子商务运营，一开始只负责淘宝平台的产品图像设计，闲的时候也帮忙打包发货，兼做客服。丁浪很快发现，要想在淘宝平台上呈现出能吸引顾客的精品图，必须从最前端的产品拍摄着手，照相馆学徒工的经历帮了大忙。早先鞋厂拍摄样品图用的卡片数码相机，总是拍不出想要的效果，色彩、清晰度都与期望相去甚远，丁浪只好向表哥提出购置单反相机和摄影棚的需求。希望做好电商的表哥满足了这些需求，买来了设备，还腾出了一个房间供日常拍摄使用。设备是够用了，丁浪却发现正儿八经玩起高级货，自己的能力反而不足了，只好照着网上视频里的建议将摄影棚布置好，捧着单反相机，边看教程边实践，那段时间他常常在摄影棚一待就是一整天。捣鼓明白了单反相机，丁浪又发现以前学的 PS 技术不能满足现在处理照片的需求了，又跟着网上的课程深入学习了新版 PS 的使用技巧。就这样，从给样品鞋设计构

电商

图、拍摄，到后期修片、做详情页，熟能生巧的丁浪都能拿捏，让表哥鞋厂的淘宝店在周边的小作坊里独树一帜。不仅如此，丁浪还能腾出手来帮客服回复顾客，帮库房打包发货。

  在表哥的鞋厂干了一年多以后，丁浪意识到经营电商是一个完整的流程，现在只学到前面的一半，如产品图拍摄、图片后期处理、详情页制作，那么电商平台后台运营应该怎么提升呢？表哥鞋厂的电商业务是身边几个人摸索着干出来的，能学到的经验比较有限，好在当时电商行业如火如荼，丁浪很快应聘并入职一家电商运营较为成熟的公司，专注于电商后台管理和客服运营。那段学习的日子，丁浪一个人平均一天要在网上应付上百个顾客，顾客需求更是五花八门，都需要一一回应和协助解决，现在回想起来，"叮咚叮咚"的消息提示音还令丁浪心有余悸，倒是打字速度提升了不少。踏实好学的丁浪很快掌握了电商运营的全部流程，平台从淘宝到阿里巴巴，流程从样图拍摄到线上销售，他积累了丰富的经验，也坚定了未来的从业方向，他戏称自己那段时间是"电商学徒"。

心动

  在东莞闯荡的丁浪不但接触到了东南沿海地区经商的经验，也收获了人生中的第一份爱情。温和又善解人意的丁浪还是颇受女孩喜欢的，小学、初中、高中也都有偷偷喜欢的女孩，却从未真正吐露过对女孩的仰慕之情，一方面是年龄太小，不太会表达感情，另一方面则是看多了金庸的小说和由此改编的电视剧。金庸的小说中常常蕴含着侠义之道，朋友之间讲义气是一点，另一点是要对感情忠贞不渝。想想无论是敦厚老实的傻孩子郭靖，还是深情狂放的杨过，抑或是性情洒脱的酒中浪子令狐冲，都有着宁负苍天不负卿，一句承诺一生情的君子深情。对于露水情缘，丁浪是排斥的，而漂泊在外的大学生活也让他感觉到很多的不确定性，因此丁浪始终压抑着对恋爱的向往，一直没有谈过恋爱。在表哥的鞋厂里，他才遇到了自己刻骨铭心的初恋。

　　表哥的鞋厂虽然不大，产品也缺乏新意，但那时淘宝网飞速发展，鞋厂的电商业务跟着发展得红红火火，相当忙碌，加上需要退货、换货等，两个人根本运营不过来，所以需要招聘一名专职客服。表哥让丁浪在网站上贴出招聘广告，来面试的小姑娘是江门本地农村的，见面聊了之后，表哥决定把人留下来。丁浪专职运营和拍照、修图，小姑娘则是专职客服，两个人在日常工作中产生了默契，加上年龄相仿，有很多共同语言。丁浪感觉是命运直接把对的人放在一起了。在合适的时间遇到了合适的人，一个月不到两人就确定了关系，那是人生中最快乐的一段时光。想起这段时光，丁浪还会感慨自己在这段感情中的成长。本来大山里的孩子是不修边幅、自由散漫的，着装、样貌、行为往往是随意的，站没站样，坐没坐样。初恋的女孩非要让他改变不修边幅、自由散漫的样子，衣服要整洁如新，脸也要干净光洁，坐着不能歪扭斜垮，站着不能东倒西歪。这些要求让丁浪感觉到自己不再是个孩子，有点成熟男人的味道了，毕竟需要承担这份感情带来的责任。他没有像上学时那样叛逆，而是顺从地配合改造。相处一段时间之后，初恋带着丁浪回家见了家长。那时广东人对外地人偏见还比较多，江门更是一个以本地人和讲粤语的人为主的小城市，近代历史上曾经是土客械斗最为惨烈的地方。那时在江门，所有不会讲粤语的人都会被蔑称为"北佬"，像丁浪这样的年轻人都被唤作"北仔"，甚至在一些公务场合，江门人也会用粤语来隐晦地彰显自己与外来人的区别。初恋的家庭在经济发展相对落后、思想上相对保守的农村地区，自然不太看得上外来的"北仔"。年轻的丁浪对现实问题考虑得似乎还没有那么多，也知道初恋家里不是很满意，但对他而言，两个人是为了感情待在一起的，能够厮守的日子是美好的，未来的人生就顺其自然吧。

持续两年的"电商学徒"工作确实让丁浪增加了电商运营的经验，每天近乎12个小时的工作时长也带来了不小的压力，下班后纾解压力的最好方式是和女朋友聊天、玩耍。两人在一起打拼，也有些相依为命的意思，感情日渐深厚。加上父母不断催婚（在德江，大学毕业打了几年工的小伙子都该有娃了），丁浪想着谈婚论嫁的时机算是成熟了。2014年，丁浪带着初恋回德江老家过年，想借此机会让初恋见一见父母，见过家长之后再择机把婚事办了。回家之前丁浪给初恋做足了功课，讲述了贵州山区的贫苦，算是打足了预防针。到了德江，初恋反而觉得条件还不算太差，比丁浪说的那种贫苦要好不少，至少家里还有一栋小洋楼。小洋楼是丁浪上大学的时候，家里听说村里可能要拆迁征地，于是四处借钱盖起来的，当地俗称"种房子"。在经历了一轮"种房子"之后，丁家山早已没有了传统村落的影子，各式各样的小洋楼一栋栋立着，搭配着没有拆干净的老房子，有点稀奇古怪的感觉。虽然丁浪家没有收拾得特别利落，且考虑到有可能拆迁，室内装修基本没怎么弄，但怎么也比想象中的贫困山村要好一些。过完年后，两个人从德江回江门，后来因为工作的原因不能天天在一起，但有时间一定会见面，看似一切风平浪静。

没有想到的是，2015年年底，不知道是什么原因，丁浪联系不上初恋了，在微信上问她没回应，再后来发现微信被拉黑了。丁浪蒙圈了，他感觉贵州德江老家之旅一切都算顺利，回到江门这一年也基本如常，怎么这段感情无疾而终了呢？作为外地人，丁浪在广东没什么朋友，离开表哥的工厂后，初恋是他最大的情感寄托，初恋失联后，每天工作的压抑和苦闷变得难以排解。回忆那段时间的经历，丁浪只觉得身体疲惫且生活枯燥，还没有人可以沟通和交流，"再这样下去，自己就废了"。从焦急中冷静下来的丁浪觉得是时候改变了，直接买机票去找在北方发展的同学，石家庄、唐山、北京都转了一圈。一个多星期之后，丁浪孤身回到德江，拿着这些年在广东攒下的微薄积蓄和学习到的电商技能开始了人生的另一段旅程——创业。

丁浪接触、学习电商并决定将电商带回家乡的这段时间，正是中国电子商务快速发展的阶段。2010年起，中国电商迎来了持续稳定的发展期，电商交易额持续增长，随着移动互联网的快速发展，网民规模和互联网普及率快速增长，农村电商也开始成长。随着农村通信基础设施建设的加快，越来越多的涉农经营主体和农民开始利用电商平台和渠道开店。跨境电商充分发展，越来越多的传统领域开始向电商转型。2021年，全国电子商务交易额达到42.3万亿元，全国网上零售额达到13.09万亿元，网络购物用户规模达到8.42亿。可以说，超过80%的网民（2021年中国网民数量为10.3亿）都在使用网络购物。而电子商务从业人数达到6727.8万，其中直接吸纳就业和创业人数达到4126.32万，创造了大量的工作岗位。

电子商务在中国的快速发展改造了传统的生活方式，颠覆了传统的营销模式，促进了生产领域的创新，加速了商品的流通效率，创造了新的就业岗位和创业机会，为经济发展提供了新动力。对于来自农村地区的丁浪们来说，在存在数字使用沟和知识沟的家乡，很难在学校或周围环境中接触、学习和掌握这些互联网经济时代的技能。但是外出闯荡的经历让他们在东南沿海地区接触和学习了电子商务的技能，了解了电子商务的运行模式，这为他们之后将互联网使用和电子商务的技能、理念带回家乡打下了坚实的基础。丁浪们就像千百年来迁入贵州、带来新的生产技术和生产工具的移民一样，将互联网思维和技术带回家乡，为家乡村庄的发展带去现代化工具。

第四章

走出大山

尽管焕河村地处偏远，但是村里的人们却并未停止对美好生活的追求。丁浪的外出闯荡之路是改革开放后贵州村里的年轻人外出闯荡的沿承和缩影。总有人说一代人有一代人的长征，一代代人锲而不舍，才能踏出这条漫漫追寻美好生活之路。

天地隔江山

人们总说"故土难离"。山里的土地养育着劳作的人们，山也阻隔着人们。交替更迭的是"生于斯，长于斯，死于斯，铭于斯"的一代又一代的历史书写者，他们深沉爱着的土地亦承载着祖祖辈辈的故事与回忆。

"黔东农仓"短视频中的老屋，是赵氏先祖从思南搬迁到焕河村时盖的木屋，算是焕河村最古老的建筑之一，至今已有约300年的历史。

乌江穿思南城而过，古时，无数朱砂、粗盐从此处运往各地。从思南到德江，水道沿岸葱葱郁郁的原始森林里自然村落星罗棋布，焕河村是其中之一。焕河村的名字非常有趣，按照常理，既然名为焕河，那么周围应当有一条乌江的支流，名为焕河。但是，打开旧版地图，并不能在焕河村周围找到名为"焕河"的乌江支流，反而能在周边看到名为"宦家沟"和"官家坟"的地方。"官""宦"二字在中国古代的寓意不言自明，敢公然将自己日常生活的地方称为官家和宦家的，恐怕不是一般人。人们根据史料推测，当年一队出自贵州思南府的军士，在一个将官的带领下，背着行囊、牵着战马、带着家眷，沿着乌江逆流而上，寻找一处可以让子孙后代繁衍生存的安身立命之地。他们最终在沿岸的崇山峻岭中散布居住，将军手下的军士们把将军居住和后来埋葬的地方称为宦家沟和官家坟。

焕河村的上焕组和下焕组都以赵姓为主。明朝末年，天灾不断，为了应对外部威胁，朝廷滥征捐税，天下大乱，民不聊生，社会矛盾不断激化，农民起义在各地蜂拥而起。为了躲避赋役和战乱，赵氏祖先举家迁移到贵州思南府太河滩（今思南县赵家坝），开枝散叶，其中的一支后迁移到长溪遗大保（今德江县大龙阡），又迁移到下保任司都（今德江县共和镇银丝村）。18世纪初，祖先赵崇智定居焕家沟（宦家沟），子孙延续至今。族谱清楚地显示在清乾隆十六年（1751年），赵氏宗族请阴阳先生超度赵兴（兴）亮、梅氏夫妇的具体时间，据此能够推算出焕河赵氏家族的迁移过程。

乾隆年间，贵州进入农业社会时期人口增长最快的阶段。人口增长令人口密集区的居民生存压力增大，赵氏家族正是在此历史背景下不断分散迁移的。赵氏家族的迁移并不是穷苦人家的流离失所，而是大户人家分烟析产的扩张过程。赵氏家族来到焕河地区之前，应该是颇有资产且有不少族人的一方富豪。赵氏族谱记载，清乾隆五十七年到五十九年（1792—1794年），焕家沟赵氏先辈为了阻击土匪、保家族安宁，组织赵氏族人在寨脚处依天然岩石修建卡门和三皇殿，同时还在寨中建了阻匪墙（现留有遗址）。能够修建卡门、阻匪墙，显然不是一般的贫苦农户，而是有一定经济社会地位的大户人家。

有了安全保障之后，赵天学动工修建现在名为"第四饭厅"的祖宅，从清嘉庆元年（1796年）开始，到嘉庆三年（1798年）结束，共花了两年的时间。祖宅由五间木房组成，其空间布局为"三合院式"，正房三间，左右各有"马屁股"（偏房，又叫"磨角"）及厢房，现左边"马屁股"及厢房损坏。悬山式屋面，脊刹为卷草玉壶（镂空），房屋占地面积约为260平方米。从院坝至正屋阶檐为五阶梯式，明间为"丈二八，次间为丈三八"，小青瓦，浮雕花窗全是柏木建成。青蛙铺顶，屋脊双龙献珠，墙壁、门窗画栋飞云、雕龙塑凤，花鸟栩栩如生，呼之欲出。还有些装饰呈现渔、樵、耕、读等传统生活画面，突出孝道，刻画了羊跪乳、鸦反哺等经典故事，以及《二十四孝》中的王祥卧冰求鲤救母等传奇，撰意隽永，感人至深。与焕河村现存的其他古建筑相比，这座祖宅可谓是雕梁画栋，明显在工艺和材料方面要好于其他房屋，相传修建时从外聘请木工多人。当年主人家挑选手艺精湛的木工在木窗及房前木壁上雕刻各种反映儒家文化的精美图案，是为了彰显自家财富和地位，也为了"忠厚传家久，耕读继世长"。

祖宅大门上方挂一个横匾，正中有四个大字"宁静致远"，为光绪二十八年（1902年）书。大集体时期[1]，人们在这块横匾上涂了一层厚厚的石灰黄泥，在上面写上"第四饭厅"，横匾方得以保存。如今牌匾上的石灰黄泥已有部分脱落，露出了底下的一些字痕，其中款识为"承袭云骑尉罔替思南营府赵登"。云骑尉是清朝乾隆时期所确定的爵位的一种，为正五品，可以世袭。

---

[1] 村里人所提到的"大集体时期"，是指1958年至20世纪60年代中期。

爵位虽然可以世袭，但由于爵位本身是一种权力、地位、功业的象征，清朝对继承爵位的人选有非常严格的规定，通常是嫡长子/孙袭荫，然后才是嫡次子/孙、庶出子/孙和弟侄，如有不依次序搀越袭荫者，要"杖一百，徒三年"。按照这个道理，焕河赵氏的先祖应当是嫡长子，本应是继承爵位和家业，为何离开思南？有何难言之隐？当然，这段历史的真相现在已经无从考察，或许山涧中喷涌不息的清泉所见证的历史也和泉水一样流逝在这青山之中。

从泉眼起，沿着山涧，人们铺了一条青石小道，一直通到祖宅门前阶。门前阶由打磨平整的青石组成，历经230多年，仍完好无损。站在石阶上，可以俯视整个山坳。焕河村分布在山坳两侧，其中焕家沟分为上焕和下焕两个寨子。村寨两边古树参天，寨顶松柏常青，泉水清澈、冬暖夏凉、流水潺潺，胜似世外桃源。

尽管焕河村地处贵州深山中，但是与乌江水道的直线距离不远，隔着两道山脊，走山路穿行大约10里（5公里）可以到达乌江岸边的凉水井，可以直接在滩头借助水道实现与外部世界的交流。从村寨留传下来的资料来看，焕河村与外部始终保持着有效的沟通。早在1813年，赵氏族人就在生基坪、堰塘坎、枫林沟修建水磨打米房，用于脱谷壳。为防止干旱时无河水做动力脱谷，又在三皇店旁边修建一个旱磨。清朝末年，寨子附近还开办土陶瓷加工厂，加工厂持续经营了100多年，直到1999年才停办。民国时期，焕河村还以竹子为主要原料，利用古法造纸。无论是打米、烧陶，还是造纸，都需要获取原料、外运成品，说明焕河村利用乌江水道与外界的交流是比较频繁的。

但是如果从陆路交通来看，焕河村可谓是世外桃源。焕河村与德江县城的直线距离约为40里（20公里），中间有层层大山阻隔，外人想要进来不是一件很容易的事情。大山令焕河村不被战乱纷争波及。即便是在第二次国内革命战争时期，1934年成立的黔东革命根据地——在枫香溪会议上确立的云贵高原上的第一块红色革命根据地——的中心枫香溪距离焕河村只有40多里（20多公里）长的山路，寨子里的老人对土地革命时期打土豪、分田地的事情也几乎没有印象，只在孩童时代在镇里见过带着枪的红军。毕竟相较于焕河村约三百年的历史，红色根据地存在的时间是短暂的，焕河村又恰恰处于根据地的边缘，村里的老人只能模糊地说出寨子里有人去镇里投奔了红军队伍，还有一天寨子里来了几个红军战士，告诉焕河人，穷苦人得到解放了。老人们也把这称为焕河村历史上的第一次解放，但那时久居深山的赵家人甚至不明白什么叫作"解放了"。不过，人们的生活似乎没有受到太多影响，因为尽管可以通过水路进行一定程度的贸易沟通，但水路不达县城，所以在行政管理和战争影响等方面，焕河村近乎与世隔绝的状态并没得到改变。

　　回顾这段历史，让人唏嘘的有两件事：思南的兴衰和焕河村的选择。在农业社会，商品贸易最大的依托是水道，水道即生财之道，水泽之地绝对不致贫苦。水道是大自然对人类社会的馈赠，长江、黄河、乌江沿岸兴起的无数重镇，无不如此。早期人类发展受到自然条件的束缚，土地是最重要的生产资料，也是人们赖以生存的基础，想要过上更好的生活和获得更多的财富，需要获得更多的土地。在农业社会，获得土地的方式只有两种，一种是战争，另一种是垦荒，思南的发展混合了战争和垦荒两种方式，即平叛屯兵和迁入人口。确实，在大量人口迁入后，贵州得到真正的发展，包括乌江水道的疏通——

如果没有中央政府的支持是无法实现的。可是，人口与土地（耕地）之间的矛盾始终存在于农业社会之中，在适宜的环境下，人口增长速度快于土地（耕地）增长速度，倒逼人们不断地寻找新的"荒地"，也推动人们向原本不适宜人类居住的地方迁移。从个案上看，焕河村是赵氏先祖"内卷"，经历多次迁移后才寻找到的一方宝地，可如果放在那一段历史进程中，便是更善于精耕细作的汉民被迫不断拓展生存空间，获得更好的生活条件的过程。以赵氏先祖的视角来看，选择在这个地方建立焕河村当时可能是英明的，因为这是一个背靠乌江水道、物阜民丰的化外之地，能让子孙在此安逸、无忧地生活200年以上。但历史的进程超出了赵氏先祖的认知，在工业化时代，随着乌江水道的衰落，铁路、公路成为经济社会发展的命脉，焕河村的地理位置劣势显露无遗。

日月换新天

新中国成立前的贵州农村，还是以农业经济为主，尽管清王朝被推翻，但是贵州地处偏远，传统的地主经济和农业系统没有受到冲击，仍旧保持惯性，继续发展。这也是为什么赵氏家族即使有了手工业的收入，仍旧热衷于买地。另外，农业生产工具、劳动技术和农业经营管理水平也并没有什么变化，作物产量较低，因为战乱和生产力低下，土地撂荒的情况非常常见，农民生活水平很低，绝大多数被贫困缠绕，缺衣少食。

在解放军开进焕河村时，寨子里田产最多的两户人家是赵开举家和赵应江家。赵开举家田产多是因为祖上历代有人在外为官，在焕河村置办了不少田产留给后人。赵应江家则完全不同，祖上原没有多大的家业，直到他这辈才靠着一股子精明劲儿置办了些田产。最初，赵应江听闻有染厂需要原料，便将自家不太富余的土地划出一块来种蓝靛草。把本就不多的庄稼地用来种草，不单会受到周围人的嘲笑，还赌上了一家人的身家性命，毕竟一旦失败，一家人可是要饿肚子的。

贵州在明朝之前已出现较为成熟的靛染技艺，所以作为原料，蓝靛草的种植技艺也比较成熟，一般用插栽法，春末出苗，七月收割。在一片嘲笑声中，在赵应江的悉心照料下，地里的蓝靛草都长了出来。在这次成功的尝试之后，他扩大了种植规模，收获后卖去染厂，得了钱再来买地种蓝靛草，如此形成了原始资本的积累和循环。赵应江常往染厂跑，发现靛染工艺并不复杂，而附近十里八乡家家户户都有织布机，却一家染坊都没有，便萌生了开染厂的想法，遂用种蓝靛草攒下的积蓄投资办了一个染坊。靛染的关键是用蓝靛草制靛。制靛不需要多少伙计，但后面的流程很讲究经验，需要从外面请染匠师傅来把握染布的进程。那时大山里每家每户都有织土布的手艺，土布缝制成衣服前需要进行染色，赵应江这染坊虽然规模不大，但却是周边的独一户，因此附近村寨的庄户都将白布拿来加工。自家种的加上别处收来的蓝靛草能满足染坊所需，且成本低廉，因此染坊不仅生意相当红火，而且利润可观。按照工业社会的生产逻辑，靠着染坊的兴旺赚了钱的赵应江应该扩大工业生产，将赚来的钱投入染坊，可大山里少有见识过外面世界的人，哪里有那么超前的想法，只想着能够给子孙后代留一些薄产，因而赵应江用染坊赚的钱陆陆续续购置了寨上的不少土地。他家的土地逐渐超过了官宦世家赵开举家的祖产，成了寨上最富裕的人家。他的儿子赵开旭回忆道："母亲说我们家最多的时候一年能产三百多挑的谷子，五挑是一亩，那也就是六十多亩地。"

1951 年，轰轰烈烈的土地改革运动也席卷了这个大山深处的寨子。土改的关键是划分成分，贵州推行土改也是先让各村寨划分阶级成分，审查后召开群众大会宣布批准。群众大会要逐一宣读各户人家的阶级成分，并说明划分依据。宣读后，本人及其他人没有意见就通过。在宣读时，地主如果顽抗，会遭到严厉的批判。拥有六十多亩地在某些省份可能只是富农或者中农，可在缺土少地的焕河村，则毫无疑问是地主，所以寨上首富赵应江的地主身份自然被坐实了，一应田产，除去其家庭所必需的外，都被分配给其他无地或者少地的农户。相比之下，在外社会关系更加充分的赵开举家尽管也被分走了田产，却只被划为中农。从此焕河村进入了社会主义集体化的时代，生产队主管一切，每家每户拥有的土地差不多。除了赵应江家愁眉苦脸之外，在穷人占了大多数的焕河，整个寨子溢满了翻身做主人的兴奋。后面两三年，寨子普通人家的生活明显有了改善，毕竟是给自家种地，人勤了，地肥了，犄角旮旯能够种上庄稼的地方全种满了。不少人家还新修了猪圈，反正大山里猪草多的是，只要肯干，日子总是有盼头的。

贵州对农业的社会主义改造，是依照从农业生产互助组到初级农业生产合作社，再到高级农业生产合作社的步骤逐步展开的。焕河村所在的德江县尽管地处偏远，但是也同样经历了这些变革。1956 年，政府对全乡的行政区划进行了调整。原本与三联村、新黔村共同构成一个乡镇的银丝村被拆分为多个大队。焕河大队由六个生产小队组成，这一区划也延续至今日的焕河村。焕家沟区域在1956年原被划为上涣生产队。到1957年，上涣生产队人口达到200人，为便于管理，又将其划分为上涣生产队和下涣生产队，两者以焕家沟区域正中的一道河沟为界。

土地改革和后续的运动对不同家庭的影响差异很大，山寨里有产业、有文化的人多多少少被土地改革和后续运动波及，而原本处于下层的人们终于有了翻身的机会。1951年土地改革伊始，赵开瑞是贫下中农中热情最为高涨的积极分子。他这一房是单传，没有其他兄弟，为人忠厚朴实，在地里做起活来也是一把好手，可是父亲留下的田产少，只得过了几十年租佃别人土地过活的日子。土地改革后新分到的土地让赵开瑞对生活有了希望，铆足了劲将汗水播种在田地里。由于赵开瑞家里三代贫农，身份好，干活不偷懒，性格敦厚，更容易得到人们的信赖，因此焕河成立互助组时，他被推选为组长。赵开瑞与乡里一位赵姓的干部交好，合作化运动开始后，这位干部随口一句推荐，赵开瑞便又一路当上了初级社和高级社的社长。

焕河在劳动生产上已通过合作社实现了集体劳动，分配上自然也要跟上，要完全实现按需分配。1957年，各个村寨开始在各自的生产小队开办小食堂，整个焕家沟区域设立一个小食堂。小食堂的第一任会计是刚回到村里的赵开选的妻子，她初中学历，能写会算，自然是担任食堂会计的好人选。到了1958年，县根据省、地委指示精神开展工作，农业生产合作社小社并大社的运动快速发展，很快全县实现了人民公社化。人民公社体制是政社合一，到了村里是公社、生产大队和生产小队三级组织。焕河在1958年秋收后，按照小社并大社的要求，把几个生产小队合并成了生产大队。这年夏天，公社化运动与日渐炎热的天气一样，如火如荼，进入高潮，在这样的背景下，作为人民公社建立的一个不可或缺的新生事物，在敦厚的赵开瑞的领导下，大型公共食堂应运而生。焕河生产大队共兴办了两个大食堂，焕家沟两个生产队和邻近的洋耳塘生产队共用一个大食堂。赵开瑞将位于焕家沟正中的那间祖宅拿出来办大食堂，一是因为那间堂屋修得大，能容纳的人多，二是因为它在两个生产队的中间地带，方便敲锣喊人放饭。祖宅被征用为大食堂后，堂屋门上悬挂的"宁静致远"匾额便被抹上石灰黄泥，写上"第四饭厅"的字样，这是根据附近几个大食堂的建立顺序直接取的名字。如今这块牌匾还悬挂于这栋建筑的正门前，透过匾上的刻字和黄泥，可以窥见这栋建筑经过时代洗刷的历史痕迹。

大集体生产难免遇到社员劳动积极性不高的问题，焕家沟也不例外。关于集体生产和公共食堂，焕家沟的老人们回忆说："大食堂就像开饭店一样，到了饭点大家就一起来做饭吃饭。当时大家一起办庄稼来出粮嘛，一开始生活还不错。生产队长一敲锣，大家就从山上下来到大食堂吃饭，吃完了生产队长一叫就再上山去。那时候集体生产，人们上山不像现在这样卖力气，有些就在树荫下乘凉，随便搞一下，但种庄稼能这样搞吗？"集体生产导致劳动积极性锐减，作物产量大幅下降。"第四饭厅"兴办时赶上秋收，收上来的粮食统一管理，统一做饭，统一吃饭，放开随便吃，甚至还可以带回家吃，确实热闹了一阵子。秋收之后粮食减少，有点坐吃山空，大食堂的米缸很快见了底。

寅吃卯粮的日子是不可能维系下去的，1959年初，无奈之下，赵开瑞召集各生产小队队长开会，将大食堂关闭，大食堂已不多的余粮则被平均分给每个生产小队，再由各生产小队拿回去自己组织开办小食堂。"第四饭厅"只坚持了大半年，没等到第二次秋收就草草关门了。虽然剩的粮食不多，但山里人应对青黄不接还是有经验的，一般到了春天，大山里就不怎么缺吃的，勉强维系生存问题不大。不承想，屋漏偏逢连夜雨，小食堂没开办多久，开春遇上了大旱。农业基础设施薄弱的贵州山区，更是遭不住这大旱天气，水沟里没有一滴水，社员们望着干到发裂的田地，手足无措，颗粒无收几乎已成定局。等到余粮消耗完，又因为大旱没有收获任何新粮，日子只能一天天熬下去。好在焕河背靠大山，山上的野菜、树皮、麻根都被挖来硬撑，那段饥饿的日子是寨子上老人最痛苦的回忆。哪怕今天，还是能够感受到老人们对于粮食的珍惜，甚至还有老人会将每年新产的粮食几百几千斤地储存在家中，以备不时之需，而且一定要先吃完陈粮，才会吃新打下的粮食。到了1963年，德江县开始贯彻落实《农业六十条》[全称为《农村人民公社工作条例（修正草案）》]，推行"三包"（包工、包产、包费用）、"一奖"（超产奖励）、"四固定"（对集体所有的耕牛、农具、土地、劳动力进行统一调整和固定）的政策，小食堂也一去不复返了。

  祖宅被征用为大食堂并被更名为"第四饭厅"的那年，赵开举一家人搬到了两间厢房中住下。虽说家里的田产在前几年都已经分给了其他贫农，可祖辈积攒下来的在外的社会关系还在，他想着以后孩子要出人头地，得另寻出路，便早早地将儿子赵武容送去当兵。服役期满，赵武容于20世纪60年代初退伍返乡，被安排到信用社[1]工作，日常办公还是在村里，主要负责焕河村民的现金存取工作。

赵武容在寨子上负责信用社面向私人的业务，寨上人存取现金都要经过他的手。之前被征用为大食堂的祖宅又派上了用场，成了寨上的"国家银行"。农村信用社的关键职能在于面向农民开展借贷业务，寨上人买稻种、牛崽、猪崽等时可以来借贷，待秋收和牲畜出栏后还上。

作为新中国成立以来焕家沟第一个外出当兵的人、国家信用社的基层代理人，再加上祖辈的声望，赵武容在寨子上很是被人看重，由他写上一纸借据，便可将款项放出。不知是爱偷懒还是写不好字，他总爱将"宦河"写成"换河"，与赵开旭等人乱侃时也常说："这'宦'字，念'官宦'还好听，要是反过来念可就不好听了。"反正读音一样，很多人也不认识字，看不出两者之间的区别，因此没人跳出来反对。有一天，赵开旭过来借钱，拿着写好的票据说："提手旁的'换'也不好，倒不如直接写成火字旁的'焕'，也有个'焕然一新'的意思。"听起来很有道理，此后赵武容经手的票据都使用"焕

---

[1] 农村信用社在山村里就是国家的基层银行，是为了免除广大农民继续受高利贷盘剥，支持和促进农业生产建立和发展起来的农村集体所有制性质的金融组织，是国家社会主义金融体系的有机组成部分。自贵州桐梓县元田乡在1952年成立了全省第一个农村信用合作社后，全省各地陆续成立了农村信用合作社。农业生产互助合作、农村供销合作和农村信用合作是农村合作化的三种形式，三种合作形式分工明确又相互联系，逐步把农村的经济活动与国家经济建设计划联系起来，在合作的基础上改造小农经济，有利于服务农业生产和促进农业合作化。到1956年，全省80%的农户加入了农村信用合作社，基本实现了信用合作化。农村信用合作社有效地占领了农村的金融阵地，打击投机倒把活动，动员、组织资金解决群众生产和生活困难，帮助农业生产合作社培训财会人员，促进了当地的农业生产。

河"这一村名。不仅信用社这么用，慢慢地生产队和公社也使用这个名字，上报和下发的官方文件中也这么用起来了。时间一久，"宦河"竟在平静岁月流逝中不知不觉更名为了"焕河"。

摆脱贫困

前些年的光景，让人们深刻认识到大集体生产现阶段是行不通的，毕竟人命关天，让大家先填饱肚子才行。国家政策调整为包产到户后，焕河人开始琢磨增收致富的路径。

1979年，张金秀在二女儿出生前不久赶上分地，因此只有自己和大女儿分得土地，一个人一亩多，加起来差不多两亩地。分地讲究"肥瘦搭配"、远近结合，因此这两亩多的地分散在不同地方，能产粮食的只有一亩多，剩下的部分是坡地，只能种一些杂粮，且从家走到田地需要个把小时，每天花费在地里的工夫就占据了大部分时间。好处是实行家庭联产承包制之后，农户们便不再需要将所有的粮食上交公社，只要完成30%的公粮任务，剩下70%可以自家留用。30%的公粮任务中，三分之二的粮食要挑到乡里的粮站去交，三分之一的粮食是交给大队的提成。张金秀说起来还是很开心，"虽然土地贫瘠，但我们一辈子和土地打交道，只要任劳任怨，种出的粮食还是够吃的"。1982年，公粮任务被取消后，农户们掌握了自家地里全部粮食的支配权，不少家庭看到种粮食的收益太低，琢磨种植其他农作物。但是焕河村地处西南边远地区，农业发展较为缓慢，农业技术较为低下，如果仅靠当地人自己研究开发，难度很大。所以针对这种情况，改革开放后的农村扶贫工作，尤其是边远地区扶贫工作，并不仅仅依靠农业经营体制的改革，国家对于西北、西南等边远少数民族地区的发展给予了特殊扶持。

贵州省内各民族一直有种桑、养蚕、缫丝的习俗，生产历史可远溯三国时期。1980年，贵州省在中央"继续大力发展蚕茧生产"[1]方针的鼓舞下，向省内各个地区下放"县内发展产业生产资金"4.2万元。县政府在国家对西南边远贫困地区的支持政策下，用支援农村人民公社投资款补贴桑蚕养殖，以扶贫项目的形式推行大规模的蚕桑养殖。

种桑养蚕运动在全省开展得轰轰烈烈。在1986年，德江县为桑农提供无息贷款，鼓励种桑养蚕。因此焕河也开始推广种植新品种桑树。新品种桑树苗由乡政府负责统一发放，家家户户都有，乡政府鼓励大家把树种植到自己的责任田里。配套的桑蚕良种也由政府统一免费发放，吐丝结茧后，蚕茧将由县里指定的公司统一收购。桑树苗、桑蚕良种都是免费的，政府又能够确保销路，因此最初一些村民的参与热情相当高，毕竟这在人口不能随意流动的时代，是除了种地之外，获得额外收入的途径。况且，焕河人对于种桑养蚕颇有心得，寨子自然环境优良，本就有不少桑树，不用花费大量时间刻意打理，新品种桑树便能茁壮成长，不少人家之前还有养蚕的经验，送上门的好事，何乐而不为？有热情、想参与的人纷纷领了桑蚕良种回家，想当

---

[1] 本段相关叙述引自德江县志，与中央文件中的表述略有不同。

然地按照传统的方法养殖，眼看到了"上树"结茧的时候，却出现了桑蚕集体死亡的情况。桑蚕种是政府统一发放的，还是经过改良的品种，而桑树苗长势很好，桑叶供应充足，因此大家疑惑重重，不知道哪里出了问题。既然无法为桑蚕集体死亡的现象找到合理的解释，那肯定是焕河本身不适合发展政府推广的种桑养蚕项目，于是失败的人纷纷把责任田里的桑树砍掉或者拔掉，继续种植庄稼。这轮大范围、大规模的蚕桑养殖运动在焕河基本上是胎死腹中，不过，也有那么一两户人家并没有放弃，"偶然"养殖成功了。

赵开旭第一次尝试时和其他人一样，以桑蚕全部死亡而告终，但他心有不甘，还想试试，于是又跑到乡里再次领取免费的桑蚕良种。第二次养殖前，他特意咨询了养过桑蚕的姐姐，搞清楚都要注意哪些事情，吸取了先前的经验和教训。悉心照料之下，这一次竟然有一大半蚕活了下来。一旦蚕度过最艰难的存活阶段，后面的养殖过程就变得顺利许多。蚕慢慢结茧，可以卖给蚕业公司了。赵开旭欢欢喜喜地背着蚕茧赶到县城，没想到县里负责收购的公司却拒绝全部收购，因为赵开旭没注意不少蛾子已经破茧而出，而一旦蛾子飞出来，蚕茧就会受到严重损坏，不能再用于工业加工。一下子好几个月的辛苦付诸东流。

不过，第二次养殖积累了经验，虽然没有赚到钱，却看到了赚钱的希望。赵开旭下定决心、鼓足勇气自费去蚕业公司买了五六元的蚕种。蚕茧的收购价是四元一斤，一批蚕种养殖成功可以收获二十几斤蚕茧，收入可是相当于干三四十天的农活呢。吸取第二次养殖的教训，赵开旭在第三次养殖时特别上心，想着这次一定可以成功，争取蚕的存活率达到百分之百，蚕茧全部能够卖钱。谁知道，这次更惨，从焕河出发的时候，蚕茧都还保存完整，可路上花了一天，在这一天之中，有一部分蚕茧报废了。赵开旭这才明白，一旦发现蚕茧内部没有响动，就必须抓紧时间把它交到蚕业公司。可是焕河与县城相距太远了，若没有交通工具，就只能翻山越岭步行前往，一两天的时间耽搁在路上。出发的时候看着好好的蚕茧，很多在路上坏了，自然卖不出去，不但赚不到钱，还会赔本。经历了几次蚕茧在路上损坏的事情，寨子里仅剩的一两户养殖桑蚕的人家也只能放弃了，至此这场种桑养蚕运动彻底落下了帷幕。从种桑养蚕这件事可以看出，偏远的地理位置给焕河人带来无尽的苦恼，不过，焕河人一直在努力寻找致富的机会。

焕河村养蚕的经历实际上也是这一时期农村脱贫工作曲折展开的典型案例。1986年中国启动了当时历史上规模最大的农村专项反贫困计划，针对贫困县采取了一系列的帮扶行动，一定程度上缓解了农村的贫困问题。但是由于这个时期的发展重心在城市和工业区，城市的快速发展和工业的飞速增长与农村的发展迟缓，东南沿海地区的繁荣与西部农村地区的衰败形成了鲜明对比。尽管焕河村村民一直尝试发挥主观能动性，寻找发展和致富的机会，但是农村地区整体发展资源禀赋的缺乏却经常使得他们事倍功半。种植业、养殖业回报率的低下，农业技术的缺乏，劳动力素质的限制，对接市场的困难，交通运输的不便利，基础设施的欠缺，使得农村地区，尤其是边远地区的农村被甩在了发展的高速列车之下。所以在种种阻碍和挑战下，焕河村的发展致富路仍旧曲折，在村里寻找发展机会显得十分徒劳。

1994年，德江县成为592个国家级贫困县之一。2005年，德江县被列入省级扶贫开发重点县，其中焕河村被列为一类重点贫困村。

贫困仍旧困扰着焕河村的村民。也许离开乡村，到发展的前线——城市或工业区去，是当时唯一的出路。

赵开旭继承了父亲头脑灵活的特点，没事的时候，总喜欢去镇里的集市上逛逛，偶尔遇到聊得来的人，就聊上几句，与一些人竟有相见恨晚的感觉，一来二去成为很好的朋友。这群人经常四处跑，去印江、松桃、铜仁等大地方，总是有些新奇的见闻，回来都要天花乱坠地炫耀吹牛。听多了朋友的夸夸其谈，赵开旭注意到朋友们经常提到有人去南方（广东、福建）打工，挣到了大钱，那边都在大搞建筑，做什么都能挣钱，这使赵开旭萌生了出去打工的想法。他想起年轻时去过一次贵阳，广东、福建的城市肯定比贵阳发展得还要好，更值得去，能多挣一些钱回来。

老话说，"想什么来什么"，外出务工的机会在1988年出现了，这让焕河人开阔了眼界，也为焕河人扎堆去广东、福建打工打开了局面。1988年，赵开凤的女婿来到焕河找赵开旭说，自己承包了湖南怀化的种树项目，一切都谈好了，工资肯定有保障，就差找人去干活。他想借用赵开旭的声望在焕河多招些人。听完赵开凤女婿的介绍，赵开旭也心动了，天天听朋友们吹牛，早想着出去打工看看，再挣些钱回来，正愁没门道，谁知"踏破铁鞋无觅处，得来全不费工夫"。可赵开旭的声望不是白来的，也是个爱惜羽毛的人，知道自己一个人挣不到钱无所谓，如果找了一群人，大家都没挣到钱，免不了要怨他，到时候关系闹僵太不划算了。赵开旭便和赵开凤女婿商量，说把村民叫到家里来，让赵开凤的女婿自己和村民讲，去不去都看村民的选择，但自己会表态带头去湖南打工。打着小算盘的赵开旭，已然尽力避免声望受损，却没改变最糟糕的结果。即便已经过去了好多年，那次一同去湖南打工的焕河人见到赵开旭，仍忍不住埋怨几句。

回到召集村民这件事。商量好后，赵开旭去各家各户召集村民来开会，说赵开凤的女婿想领着大家去湖南干种树的活，愿意出去赚钱的可以来听听。等村民到齐了，赵开凤的女婿口若悬河，信誓旦旦地给大家打包票，说他已经去过一次，很熟悉情况，项目已经谈拢，目前缺的是工人，湖南工资高，是在家里干活的几倍，而且工资肯定有保障。他还说自己是寨上的女婿，肯定不会欺骗大家，如果让大家白干，以后怎么还有脸面进寨子，并大大方方地说所有人去往湖南的路费由他承担，翻来覆去讲了两个多小时才结束。从未出过远门的村民们听得一愣一愣的，都觉得这样的机会难得，下次再有不知道是什么时候，出去打工还有人做担保，肯定能赚到钱。看到大家都跃跃欲试，赵开凤的女婿来了一招欲擒故纵。他没有让村民立即表态，而是让村民回家和家里人商量商量，如果愿意去的，赶紧来赵开旭家里报名登记。名额有限，先到先得，过几天他再来通知出发的时间，要去的可以提前准备行李。

赵开凤的女婿说完就走了，听说名额有限，来听的人都怕错失良机，于是围着赵开旭问东问西。赵开旭表示自己要去，但大家要根据自己的情况决定，不是一定要去，因为有可能挣不到钱。也不知道是赵开凤的女婿精彩纷呈的招募与劝说起了作用，还是赵开旭的影响力发挥了效果，短短几天，竟然有50人来报名，一些不是焕河本寨的人听到消息也托关系找来。说到底，从未走出过贵州大山的山里人真的没有什么挣钱的机会，想搞钱只能赌一把出去看看。

几天后，焕河第一批集体外出打工的队伍浩浩荡荡地出发了。那会儿可没有高铁，交通很不方便，去往打工地点的路程被分成好几段，每走一段都需要中转，一路打听一路走，有时候还要扛着铺盖卷步行。这对常年做体力活、走山路的焕河人来说没什么，对赚钱的渴望掩盖了路途的艰辛。经过好几天的奔波，终于到了湖南怀化。到了之后，大伙儿就傻眼了，这儿和赵开凤的女婿描述的完全不同，是一个荒凉偏远的兵工厂，之前说的高大的楼房、平坦的水泥路都是不存在的。当下有人立刻提出跑路回家，可大家伙儿连回家的路费都没带，怎么回家？大家商量了一下，觉得还是先干段时间看看情况再说，荒凉的工地和破败的厂房倒不怕，只要到时候给钱就可以，再说管吃管住，没什么开销，不太吃亏。选择留下来的另一个原因是，大伙儿觉得赵开旭应该是可靠的，他们会像赵开凤的女婿说的那样，每个月都可以领到工资，攒起来，过年带回去也是一笔不小的收入。

这样忙忙碌碌干了几个月之后，居然一分钱工资都没发，又有人打起了退堂鼓，但大部分人还是想再坚持下，毕竟现在跑路回家，一分钱都没赚到，真亏大了。大伙儿心里还都抱着一丝残存的希望，觉得年底肯定可以拿到钱，几个打退堂鼓的人也不知道离开工地后能去哪里赚钱，只好勉勉强强留了下来。可这一闹，赵开旭有点坐不住了，出门之后他是整个打工队伍的实际负责人，一直没有工资，也不是办法，这样搞下去，队伍肯定要乱了，只能琢磨其他门道，去搞点钱。工地上虽然没有工资，可吃饭的口粮是相当富余的，每个月发下来的米都吃不完，几个月积累下来有了一堆，如果能够把这些米卖掉变现，也算是对大伙儿有个交代。赵开旭悄悄地把人叫到一起，说了卖米的计划，得到了大伙儿的支持，偷偷卖米的计划便开始实施了。最近的集市距离工地相当远，每次卖米都分成两个小组，一个小组留在工地确保按时开工,以防让人瞧出端倪,另一个小组悄悄地扛着米袋,趁着天黑溜出工地,确保天亮前赶到集市,然后留下两三个人在集市卖米,其他人要尽量在开工前赶回。尽管前几个月的米剩了一堆,在集市上也是供不应求,可是20世纪80年代计划经济剪刀差下的米价相当低,急于出手又不能卖高价,反而要便宜一点。卖完之后真正分到每个人手上的钱是微薄的,只有聊胜于无的几元钱,好在大伙儿的怨言少了一些。由此形成了一个惯例,每个月都会把剩下的米悄悄卖掉分钱,又这样坚持了几个月,直到腊月二十。眼见着要过年了,一分钱工资都没发,卖米攒起来的几元钱,连回家的路费都不够,更不要说回去怎么向家里交代了。残存的希望终于破灭,大伙儿又闹起来了,这次直接去找了赵开凤的女婿。

赵开凤的女婿说这两天一定去核算工资,算好后立刻给大家开工资,不断好言安抚大家,信誓旦旦地说肯定会让大伙儿拿着钱开心回家过年。实际上,赵开凤的女婿只是一个小包工头,拿真正欠钱的总包工头也没办法。拖到腊月二十八,赵开凤女婿喊上赵开旭,还有几个关系好点的人去找总包工头结算工资,一同去的还有其他几个小包工头。到了总包工头那里,他们发现屋子里已经有十来个人围着火炉挤着,个个拉着黑脸。总包工头显然经验丰富,表面上态度诚恳,好言好语地解释工程款还没有全部结清,只能先给每个人50元回家过年,等过完年开春,一定把拖欠的工资补上。十来个小包工头一听立马急了,有脾气急的立刻站起来喊"不行,必须结全部工资",其他人也跟着应和。总包工头死皮赖脸地说着软话,死不松口,来要钱的人嗓门越来越大,语言也污秽不堪起来,很快变成一群人围着总包工头唾沫横飞,不依不饶地吵起来。争执之中,有人动手推搡,总包工头马上翻脸不装了,"就是50元工资,不要就没有"。这句话一下子让大伙儿都知道上当受骗了,有两个小包工头"噌"的一下蹿上去要打人,赵开旭看情况不对,连忙喊人一起拉住,拉拉扯扯半天,算是彻底谈僵了,要钱这事是肯定黄了。要打人的两个小包工头乱砸一通之后,摔门而出,赵开旭看着,也明白在这里耗着不会有进展,招呼自己带来的几个人准备走。就在赵开旭出门的时候,总包工头喊他单独留一下。

等到没有其他人了,总包工头关好门,把被踢倒的凳子扶起来,按着赵开旭坐好,拍拍他的肩膀,嬉皮笑脸地问:"你怎么不说话讨要工资,还帮忙拉架?"赵开旭直言,人都是赵开凤的女婿带来的,自己没资格直接找总包工头要钱,拉架是因为不能看着人白白挨打,良心上过不去。总包工头听了,沉默了一会儿,问赵开旭有没有困难,需不需要帮忙。赵开旭把家里的困难情况如实说了,总包工头听完后让他明天偷偷来找自己,给他200元寄回家,千万别声张,这是单独给赵开旭一个人的。

第二天,天刚蒙蒙亮,趁着没人的时候,赵开旭单独找了总包工头,拿到了200元,又悄悄地回到宿舍。快到中午的时候,赵开凤的女婿来了,将大伙儿召集到工地,把刚从总包工头那里领到的欠款,按照每人50元的标准发下去。大伙儿昨天都听说了要不到钱的事情,拿钱的时候怨声载道,可眼见着年根了,只好无可奈何地接受,纷纷回宿舍收拾行李,准备回家。等大家都回宿舍了,赵开凤的女婿拉住赵开旭,又偷偷塞给他300元,算是感谢他这一年管理打工队伍和处理事情的酬劳。

回到宿舍,看着大家都在收拾行李,赵开旭心里打起了小九九。

这是一趟不太成功的打工之旅，自己在村里大小也算是个"能人"，这灰头土脸地回去，以后怎么办？得想个办法扳回来，何况打工的境况再差，也比在大山里无所事事强，靠着家里勉强糊口的一亩三分地，想过好日子真没啥指望。没承想，一起出来打工的几个单身汉跑来找他说，不想回家过年了，他们一来没有额外的牵挂，二来这一趟没赚到钱，回家过年也没啥意思，不如把路费省下来，过完年换个地方碰碰运气。虽然焕河人是第一次出来务工，可是工地上的小包工头和其他打工者有不少在广东、福建打工过，这也让焕河人羡慕不已。与其灰溜溜地回家，不如开年之后去广东、福建闯闯，赌一把运气，总不能老遇到黑心老板。赵开旭和几个单身汉的想法代表了山里人的坚韧，只要有希望，怕苦怕累是不存在的。到了除夕夜，留在湖南怀化工地的几个人聚在一起过年，一边哀叹着一年白干，一边憧憬着即将到来的广东之行，大伙儿都明白，大山里的日子一成不变，只有另谋出路才有生机，令他们心生向往的美好生活必须建立在背井离乡的基础之上。

事实上，回焕河过年的人的想法与留在怀化工地上的人是大致相同的，开了眼界之后，谁也不甘于继续过苦哈哈的日子。春节后，他们也相互约起，踏上了外出务工的路，去了广东，开启了焕河村真正意义上的南下打工潮，自此，焕河外出务工的大幕被拉开，家家户户的青壮年都外出务工，这在当地被称作"撒广"。有些人此前几十年都没进过县城，一下子跳过县城、省城，奔赴了当时社会主义市场经济最发达的广东、福建、浙江的大城市。对于家里只有两三亩地的庄稼汉而言，老老实实务工，怎么也比在家种地收入高。但很快，出去见过世面的人们发现，没有知识和技术，能做的只有苦力活。大山里的人是不怕吃苦的，却也向往"文化人"的体面生活，寨子里的人纷纷将自家的孩子早早地送到县城读书。

张金秀也不能例外，虽然家里没人去撒广，却随大流地把大女儿送到德江县城读初中。学校没有食堂、宿舍，孩子就租房子自己住、自己做饭。她每隔一两个星期从家去德江县城给孩子送菜，菜也就是家里腌的酸菜、酸萝卜，再加上一些调味的辣椒面。去县城的次数多了，张金秀发现，不少寨子里的人在德江买地盖房子。张金秀便趁着丈夫回家探亲的机会，与他商量为方便孩子在德江读书，托人在德江买地盖一间房。当时盖一间房只需要四五千块钱，家里出得起，最大的好处是房子盖好之后，能把原本得在村小读书的孩子们都送去德江上学，以后孩子们在县城生活，不用再吃父辈吃过的苦了。看着寨上去县城盖房的人已经不少，赵开仕当然不愿意落后，拿钱出来盖了房子，但即便这样，上初中的大女儿还照顾了弟弟妹妹一年多，才考到贵州建筑材料工业学校读中专。

焕河村民带着对美好生活的向往，从积极改善农业种植技术，到尝试经济种植、养殖，一直没有停止尝试各种可以提高收入、改善生活的方法。地理环境的限制、基础设施的不完善、城乡发展的巨大差异、农村产业的低效益，使得村民只能选择离开村庄，将这一片土地暂时放在身后，去城市寻找就业机会。尽管这时的中国城市已经开始接入互联网，但是由于农村基础设施的不完善和物流的不发达，即使有人来焕河村拍摄，也不会引起观众对于农村生活的向往，而且由于没有掌握现代化种植、养殖技术及市场经营技术，更无法将村庄里的农作物贩卖到其他地方去。因此，"网红村"不是一天造就的，必须夯实与外界连通之路，焕河村才能厚积薄发。

工业社会给人类带来的最大变化是人类改造自然的能力大大增强，人与自然之间的关系从屈从变为了征服。随着铁路和公路的兴修，人类发展打破自然的束缚，生产资源和要素可以在交通便利的地方汇集重组，水道沿岸、农业村落的衰落是难以避免的，焕河村地理位置的天然劣势便被无限放大了。同时人口增长带来农耕群体的"内卷"，"世外桃源"变成了人多地少的贫困地区。好在"世外桃源"的自然资源禀赋依然存在，随着信息技术革命的开启，数字社会正在打破时间和空间的限制，或许能给焕河村的发展带来更多的想象空间。

天堑变通途

在焕河村加入数字社会大家庭前，"打破空间限制"仍然有修路、通电这两大关卡需要通过。

20世纪80年代末的打工经历真正开阔了焕河人的眼界，也让他们意识到"要想富，先修路"是至理箴言。电视新闻的播报和外出务工的村民对外面世界的描述，使得村里更多的村民对外面的世界心生向往，许多村民都想要出去打工，看看外面的世界是否真的像新闻和其他人所描述的那样好。几个有想法的年轻人一起找赵开旭商量，想着应该将焕家沟的毛路修起来，解决交通困难，一来方便村民出行，二来说不定能帮村里获得更好的发展机会。村里一些有见识的人也觉得应该把村寨通往主干路的那条支路修通，让更多的村民可以走出村寨，去县城、铜仁、贵阳看一看，特别是女性、老人和小孩要有走出去的机会。赵开旭也早有修路的想法，苦于没有志同道合的人而已，毕竟在大山里修路不是件小事，不仅要炸药开山，还要组织村民投工投劳，跟政府报备沟通也是麻烦，绝对是项大工程。大伙儿聚在一起思来想去，觉得组织村民出工不是难事，关键是要解决炸药问题，必须用炸药把山体炸出个口子，否则光靠人力干凿，猴年马月也完不了工。可难就难在焕河寨子里的人穷得连买炸药的钱都凑不齐，巧妇难为无米之炊啊。这时，有人提议将寨上的古树卖掉一棵来筹钱。去湖南打工种树时，听说总包工头倒卖过古树，可以找他试试，于是大家纷纷鼓捣赵开旭出面联系。赵开旭考虑了一会儿，勉为其难地接下了这个任务。当年总包工头把寨子里的人坑得很惨，搞不好会再坑一回，不过看上去焕河人也没其他出路。出于谨慎，赵开旭补充说会尽力去做，却不能保证一定成功，毕竟总包工头也不是什么善人。

　　隔天，赵开旭去找赵开凤的女婿，试着要一下总包工头的联系方式。本想着不惜辛苦自费跑一趟湖南，没想到得来全不费工夫。总包工头这两年"发展"得很好，业务也从湖南扩展到了贵州，最近正好在铜仁跟人谈合作。赵开旭暗自欣喜，想着要抓紧机会，便立刻去铜仁找到总包工头，说寨上想卖掉一棵古树来筹集修路的资金，还说感念当初在湖南时总包工头的照顾和厚爱，邀请他去寨上看看。总包工头本来就无利不起早，古树生意那可是一本万利，加上深知赵开旭是个老实人，便答应一起到焕河寨上看看情况。

　　过了几天，赵开旭带着总包工头来到寨上看古树，吹嘘榉木质量上佳，年份悠久，不可多得，如果不是因为修路，是断不能卖的。总包工头看到古树的那一瞬间，立马眉开眼笑，知道不虚此行，不过他的真实想法是把寨上的两棵古树全弄走。总包工头直截了当地说，买古树没问题，价格也可以比市场价高一点，1000元一棵，如果是两棵古树一起卖，还可以再加钱。这下赵开旭倒是有点傻眼了，寨上的古树卖不卖自己说了不算，本想着卖一棵凑凑修路钱，这一下子把两棵古树都卖掉，将来怎么向后人交代？便解释道，古树怎么卖不是自己一个人说了算，要和寨子上的人开会商量。赵开旭先把总包工头送走，然后赶紧喊人来商量。

　　赵开旭先去找了寨上管事的几个人，说明卖树修路的想法。管事的几个人明事理，知道在这个时代，人不能一直困在山寨里生活，而"要想富，先修路"这句话早已深入人心，考虑到全寨人的未来，当下必须有取舍，于是他们快速简单地做了分工。赵开旭继续负责和总包工头联系，其他人负责组织召开寨上的全体会议，会议之前要做好人们的思想工作和动员工作。全寨人都参加的村民大会就这样召开了，有人作为代表说明了修路面临的资金困境，而卖掉寨上的古树是为数不多的解决方案之一，召开村民大会就是想看看大家是否同意。古树的买方已经找好，价格是1000元一棵，如果两棵古树都卖掉，价格还可以更高一点。话音刚落，就有村民举手表示同意，接着更多的村民举手表示赞同，这些赞同的人大部分是寨上的年轻人，他们对修路的渴望是最强烈的。但也有反对的声音，尤其是寨上两位德高望重的老人坚决反对，他们认为古树是有生命的，许多年前就生长在村寨，是村寨的根和魂，是寨上村民精神和情感的寄托，万万不能轻易卖掉。老人的话让年轻人刚刚燃起的热情冷却了下来，寨上很多摇摆不定的人也回忆起曾经在古树下嬉笑玩闹的时光，内心确实不舍。赵开旭早想好了退路，他以退为进，强调道，只卖掉一棵古树的话，资金只够买炸药，那么，修路时必须家家户户投工投劳，每个人都要出工出力，多干一些。果然不出所料，这一提议得到了大伙儿的普遍认可，热情高涨的青年人和怀旧思古的老人达成了共识，不能割舍的乡土之情和修路致富的美好愿景相互妥协了。

在获得全寨人员同意之后，赵开旭立刻去找总包工头，表示村寨只卖一棵古树。总包工头带着一丝失望来到寨上将古树拉走，并按照约定支付了 1000 元。拿到钱的村民立刻又一次召开了全体会议，商量修路的各种细节，包括资金管理、路线设计、出工方式等，会上特别强调用来修路的只有卖树所得的 1000 元钱，此外再无政府资金和其他资金的支持，所有工程都必须由寨上人家出工完成。关于出工方式，村民一致同意，以家庭为单位设定最低出工时间，如果愿意多出工，只有精神鼓励，没有物质奖励；如果家里的男性劳力在外务工，可以由女性或者老人代替参与，但工时要打折计算；出工时间由寨上指派专人统计和公布；如果遇到其他重大情况，再开会讨论决定。

修路在贵州一直不是易事，黔山多，黔路难。被贬贵州的王阳明曾写道，"天下之山，萃于云贵；连亘万里，际天无极"，交通"连峰际天兮，飞鸟不通"。新中国成立时，贵州能维持通车的公路仅有 1950 公里，所以新中国成立后，国家对交通运输建设十分重视。除了依托三线建设广泛铺开的西南铁路网以外，公路的修建也是重中之重。到 1964 年，贵州终于实现了县县通公路，初步建成了全省公路网的骨架。不过由于地理条件恶劣，到 1978 年改革开放前，贵州通车的公路也仅建设到约 3.06 万公里，广大农村地区仍旧是望路兴叹，出行困难。

改革开放后，为了改变落后的公路交通状况，交通部开始尝试引入社会力量办交通。德江县也同样掀起大修乡村公路的热潮，1985—

1987年，全县修通公路58条，总长378.4公里。但是扶贫资金毕竟不能覆盖所有农村地区，所以有想法的村子就自己筹措资金，集体出人工修路。焕河村人为了修通与外界沟通的道路，为从县里获得修路必需的物资——炸药，不得已卖了古树，并几乎全员投入公路的修建当中。

在炸药购置到位之后，焕河开始了真正的修路历程。最开始是按照规划好的线路开山，这是修路最关键也最危险的环节，虽然经过两千多年，也有了现代的炸药，但是开山的原理和艰难还是与秦始皇下令修五尺道时期没有太大的不同，只是在两千多年前，为了开山，用的是"积薪焚石"的方法，而现在的焕河村，用的是炸药。爆破工程的参与者都是寨上的男性青壮年，妇女、老人和孩子是不被允许参加的，毕竟在一点一点爆破山体的过程中，一不小心就会被炸起的石头砸得头破血流，甚至丧命，这么危险的事情自然是要男人们来承担。令人有些意外的是，就是这样一群没有任何修路经验的山寨村民，居然在整个炸开山体的过程中无一出现意外或者受伤。用寨上的话来说这是上天护佑，不过真实原因是所有参与者都非常谨慎小心。炸开山体之后，被炸掉的碎石可被用于铺路。在铺路阶段，有技术难度的和耗费大量体力的活都是男性青壮年去做，比如把炸下来的巨石凿成碎块、挖土、拉土、填土等。妇女、老人被安排做一些简单的工作，比如将大块碎石敲成更小的石块，再将它们平铺在路面上。还有一些年龄稍大的孩子，会帮忙去水井打水。山寨里所有人都积极参与到这项工作中，工地上都是人们交谈时的欢声笑语，没有一句抱怨，时不时地还有人唱山歌鼓舞士气。焕河的人们都激情四射地为这条希望之路付出了很多辛苦与汗水。在酷暑烈日下，每个人都大汗淋漓，像洗了个澡一样；在迷蒙微雨里，人们戴着草帽，穿着雨衣、蓑衣劳作；在湿冷的冬天，阴冷的山风也阻挡不了人们修路的热情。即便全寨人积极参与、毫不懈怠，这条只有4公里的毛坯公路也修了三年，直到1992年才算修通。尽管无法直接连通村寨，但好歹还有山间小路通达。于是，这条从来没有在任何一本官方地图册上出现过，却被寨上人天天期盼的公路在一定程度上打通了焕河与外面的世界。

通路之后，焕河村与外界的联系方便了很多，出去打工的人增加了不少，即便是不方便撒广的焕河人，也尝试着去德江、思南、遵义等周边的县市打工，打工潮的到来让焕河人普遍接触了外面的世界，很快通电这件事被提上了日程。1996年，传来了一个好消息和一个坏消息。好消息是县里准备组织通电，要做到所有乡镇都通电；坏消息是县里的经费不足，需要村寨里每户交70元钱来保障工程的顺利进行，而且这70元只能保障修通高压线，电并没有通到村寨里，根本无法满足家家户户通电的愿望。

赵开旭心里盘算，既然要交钱接通高压线，为什么不借机把村寨通电的问题彻底解决呢？便去找了时任村支书赵贡宣，两人一合计发现有不少问题要解决，跟修路一样，最关键的还是两个老问题：资金和人工。连县里主持的高压线铺设工程都需要村民集资支持，可见达成村寨户户通电的目标，所需资金更多，而且还没法指望县里出钱，只能是寨里集资。可每家每户刚刚出资70元，再要求大家出资，且数额恐怕比70元还要多，肯定会有人不愿意。另外，寨子上这两年出去打工的人多了很多，投工投劳的意愿恐怕也大不如从前。果不其然，两人私下大致了解了一下，很多人表示不愿意再次集资，也不愿意出工，通电的事情难以推进。但很明显，如果这次不抓住机会，下次不知道要等到什么时候了。赵开旭又领着比较明事理的几个人在一起商量，商量的结果是兵分两路，赵开旭利用焕河村的社会关系网络，去外部找资源，特别是从焕河村走出去的发展得比较好的人，要寻求这些人的帮助。赵武宜与赵武涛负责做内部组织动员，关键是把年轻人动员起来，让他们参与到决策和施工过程中。很快，两路人马都有了进展。

听到焕河村要自费通电，离开村寨多年的赵开余主动组织他所在单位的同事帮助筹资，共筹得将近3万元资金。赵武容效仿1992年卖树修路的举措，将自家的一棵黄皮子大树卖了5000元钱，并捐赠给寨上用于通电。有了这35000元"巨款"打底，剩下的资金缺口平摊到每户大概40元，大家都能接受了。赵武宜与赵武涛征求完寨上人的意见之后，搞了不记名的民主投票，搭建了一个工作班子。赵伟等人从一众年轻人中脱颖而出，加上村里原先主事的几个老人，形成了一个13人的通电工作小组（包括赵武容、赵全武、赵开凤、赵武宜、赵开黄、赵开维、赵开习、赵武涛等人）。这个工作小组后来被保留下来，成员会趁着红白喜事或者村民聚在一起的时候把一些常见的问题宣讲一下，他们每个月都会去赵武容家开会，因为他家卫生环境好。回到通电这件事，在双重努力之下，寨上90%以上的人同意出资40元并投工投劳。有几户人家不论如何做工作都不肯出资、投工，可大局已定，"钉子户"只能听之任之了，焕河村的通电工程自此拉开帷幕。

虽然与1992年修路只隔了短短的四年，但村寨里真的是今时不同往日，集体经济时代形成的凝聚力急剧下降，家家户户都在为自家的小日子忙活，出去打工的人多了，留在寨子里种地的人少了，投工投劳很难再像以前一样一呼百应了。好在以赵伟为首的年轻人在打工过程中也学会了新的管理办法，为了确保家家户户投工投劳完全到位，13人工作小组制定了详细的管理与奖惩机制，包括不出工的家庭需要额外出资，出工迟到需要交罚款，迟到1分钟罚款1元。通电工作的细碎程度实比通路高很多，通路主要是让村与村相通，通电不仅要拉通村与村之间的电线，还要把电线拉进家家户户。这可苦了这些投工投劳的村民，焕河村家家户户的房子都在山坡上，没有一条小道不崎岖，每一根电线杆都只能靠人力抬上去，电线杆竖起来之后还得拉线。好在路通了，运输东西方便、省力了很多，再加上13人工作小组督促得很严，要不这工程量没个两三年干不完。干了将近一年时间，赶在1996年底寨上家家户户终于都通了电，虽然电压不稳、经常停电，却大大改善了人们的生活。

通电之后，赵开旭和赵武容等人合伙买了寨上的第一台电视，放在赵武容家的堂屋（第四饭厅）里。每天到了晚上就是赵武容家最热闹的时候，不管是大人还是小孩子都会挤到这里看电视，甚至有些人白天趁着午休不用下地干活的两个小时也会挤时间过来看一会儿。合伙买电视的第二年，赵开旭又狠狠心自己单独买了一台，他还是喜欢自己选电视频道和电视节目收看。

通电也给寨上带来了一些前所未有的误会。有一次，村支书赵贡宣去镇里开会，得知电路要改造，需要拉掉电闸，否则重新通电后的强电流冲击会损坏家里的电器。赵贡宣急坏了，家用电器可是各家各户的宝贝，也顾不得开会，赶紧往回跑，到村委会之后立刻拉掉全寨子的总电闸。因为时间紧张且通信不方便，没来得及通知大家，哪知道寨上的人拥到村委会讨要说法，赵贡宣差点被性急的人打了一顿。可见，通电之后，电在短时间内成为焕河人生活中的"刚需"。

1999年，通电后的第三年，赵开旭结束了最后一次外出打工，回到焕河村琢磨着像广东人一样在家里装一部电话。在山里装一部电话可没那么容易，赵开旭折腾了三四个月，才把电话接通。后来这部电话成了全寨的公共电话，每天都有很多人来打电话，赵开旭也成为电话接线员，出去打工的人打电话回来都是先打到他家，然后约好时间，通知家人来接电话，这样外部的信息能够更快地传到焕河村，焕河人终于打破了地理的区隔，用一根电话线跟世界同步。

在焕河村，因为1992年只修了主干道与瓦厂之间的支路，还没有通到村寨的公路，村里人总是想着把到村寨的路修通，这样车辆可以顺畅地直接进入村寨。当时的贵州尽管资金紧缺，技术支持不足，但是公路建设仍在政府财政支持和人民群众充分发挥主观能动性、出钱出力的情况下向前推进。1998年，贵州省政府决定，在继续实施保畅工程和利用以工代赈、扶贫资金加快县乡公路建设的同时，采取国内贷款、引进外资、社会集资等多种筹资方式，加快公路改造，提高现有公路的技术标准和通行能力。从2000年开始，全省在大规模路网改造中，除了干线公路之外，还将县际公路、乡公路大量纳入提等改造范围。同时，继续加紧实施通乡油路和通县油路建设工程。2002年，贵州最后9个不通公路的乡镇相继打通公路。

在焕河村，几年前村寨通了电，13人小组里的几个年轻人想趁着这两年村民的干劲还在，把路修通，于是他们去和村支书赵贡宣商量。赵贡宣是一个有抱负、想为村民做些实事的书记，就同意了大家的提议。他主动找到赵武宜，希望赵武宜老师可以继续担任动员人，因为对于这项工作，赵武宜有经验，且以前都完成得很好。最近几年经历了修路、通电，村民频繁集资出力，因此赵贡宣估计，这一次村民中也许会有很多人不愿意，或有抵触情绪，因此他希望能由有文化、有威信的人给大家做思想工作。同时赵贡宣希望这次修路还由13人小组作为牵头人来负责组织与实施。赵武宜和13人小组的其他成员商量后也十分赞同修路的设想，他们初步为修路工作制定了方案。此次修路，主要分为筹备和施工两个部分。赵开旭、赵开维负责去外面寻找支持，包括资金、炸药、专业知识等，其余人都要参与到劳动中，几个年轻人负责监督与跑腿工作。工程强制要求每户人家都要参与，如果不出工出力就要交钱作为补偿，还针对迟到、早退、不出工也不交钱等各种情况设置了罚款等惩罚措施。可见此次修路，监督与惩罚力度都是非常大的。

赵开旭、赵开维等人还算顺利地得到了炸药，又去信用社以村寨的名义贷得资金，基本上完成了筹备工作。因为有了先前修路的经验，这次爆破山体相对高效、轻松。此次修路的难点与重点是村民的出工管理与劳动参与，因为有着一定要把道路修通的决心，所以这一次管理得相当严格。如果家里男性壮劳力不在，女性或者长辈就必须出工，如果不出工就要交钱补偿。有着稳定收入的赵武宜老师帮好几户村民垫付不出工的罚款，有的是8元，有的是5元，可是这些钱后来一直也没有还上。

在此次修路过程中，焕河传统村落保护发展协会会长赵伟发挥了关键作用，他既负责跑腿，给参与劳动的村民买烟酒、递送东西，也负责监督，如果哪户村民抵制出工，赵伟可以作为13人小组的代表实施惩罚，如将这户村民的牲畜牵走，虽然这些牲畜都没有被宰杀，后面也都还回去了，但赵伟还是因此得罪了不少人，到现在很多人见到他也不打招呼。赵伟树敌较多的原因不止于此。当时年轻气盛的他控制不住自己的脾气，忍不住动手打了村民，因为当时有村民自己不出工，也不交罚款，还散播谣言说公路修不成，修公路没有意义，甚至煽动其他村民不参与劳动。赵伟听说后，去找对方理论，在言语争执中没有控制好自己的情绪，和对方扭打在一起，这样的事情出现过几次，导致赵伟与那几家人关系破裂，直到今天依然没有修复。赵伟现在觉得自己当年年少气盛、过于冲动，动辄诉诸武力，实在不应该。

  在自然条件艰苦、管理制度严格的情况下，多数村民参与的热情仍旧十分高涨。自从修路以来，工地上总能看到女性的身影，她们将小孩子放在背篼里，背着去做一些简单的辅助性工作；有些人因为修路的地方离家比较远，早晨一出来就要带上一天的干粮，中午就啃一些干硬的饭团；有些村民去往工地时要走崎岖的小路，要攀藤条，一不小心就可能掉下去摔成重伤。在烈日当头的夏日，在小雨迷蒙的春秋季节，在雪花纷飞的寒冬，只要情况允许，就能在工地上看到村民劳作的身影。村民贡献的不仅仅是自己的体力。为保障道路畅通、路线合理，很多村民的田地都被无偿征用，多数人没有怨言，将土地奉献出来。还有些农地虽未被征用，但庄稼被乱石砸伤、砸死，多数村民也都一笑置之，没有多说什么。当然也不是所有的村民都明事理、愿意奉献，有几户村民不愿无偿让出田地，多方调解也没有成功。有些农田不在关键位置，尚可以为了避开农田而对道路做轻微调整，但是有户村民的农田处于关键位置，无论如何也避不开，可是这户村民不论如何沟通都不愿无偿让出，所要求的补偿款也不在合理范围内，于是这条路就被迫从中间断开了。直到1999年底、2000年初这条公路完成修建，中间部分还处于没有连通的状态，这就导致村民每次外出都要从田地外绕一下，也使汽车没有办法穿过村子。

为了纪念公路的建成和村民的辛苦付出，在2000年，焕河村组织立碑，并作《银焕公路碑记》。但是尽管公路已经修到村寨，80%的路线已可以行车，但上文提到的关键位置一直没有办法修好，因此整条公路还没有达到彻底连通的状态，这也是一直让村民关注与在意的。2002年，赵开旭开始担任村委会主任，他想着一定要把这个事情解决掉，让道路畅通起来。说来也巧，当时恰逢清明节，副县长张玉龙来找赵开旭，结果因为道路不畅通，车子卡在截断处不能通过，最终没能进入村寨。赵开旭借此机会向副县长反映了问题，最终在副县长的协助下，焕河村用1000元的补偿金换取了那户村民的同意。由于害怕这户村民反悔，寨上其他村民立即展开施工，花费数日完成全部的修建工作。至此，这条道路才真正全部畅通，焕河村成为当时共和土家族乡第一个有汽车进入的村寨，这也是村民们一直非常骄傲自豪的事情。

其后，在国家政策和村民的共同努力下，公路被延长，并分阶段完成路面硬化，进一步满足村民和游客的出行需要和货物运输需要。

这条公路终于在完整意义上成为焕河村通往外面世界的道路，村里开始有更多的村民出去打工。以前很多人家只有男性外出务工，去的还是省内的城镇，慢慢地开始全家外出务工，走出贵州，去往广东、福建。很多村民在外务工赚到钱后，在德江县城买房置地，有些是在德江县买一块土地自己建房子，有些是直接买现成的商品房。还有很多人离开了德江，在贵阳买房定居。

终于，焕河村距离数字社会又近了一步。

截至 2022 年 8 月底，贵州省内已有 5026 个行政村通 5G 网络，行政村 5G 通达率达 38%，让空间上的"万水千山"变为网络里的"近在咫尺"，贵州省农村网络覆盖水平在全国相对超前，为助力贵州脱贫攻坚和高质量发展奠定了网络基础。

邮电通信业的发展，帮助焕河村民打开了新世界的大门。电话的接通帮助村民加强了与在外务工的亲人之间的联系，密切彼此之间的情感互动。电视、收音机使村民们能够接收大山之外的思想与声音，接触更广阔的世界，开始与世界真正连接在一起。互联网的接通、短视频的兴起、电商产业的发展，使无数的村寨逐渐揭开自己神秘的面纱，展现在世界面前，是网络让古老神秘而美丽的村寨被世人看见、追崇。特别是现在电商产业的发展，使农村群众可通过互联网平台实现产品销售，让各地的网友了解当地特产，了解农村特有的田园生活，这不仅能够带动经济的二次发展，也能够在一定程度上促进当地旅游业的开发，实现服务业的增长，从多方面推动当地经济发展。

古语讲，"工欲善其事，必先利其器"，电商产业的发展离不开高速的物流体系和完备的电子商务产业的支持，可喜的是贵州省在交通建设和互联网大数据方面一直走在全国前列，这为电商产业的发展营造了良好氛围，提供了诸多便利。4G 网络和 5G 网络在村寨接通，能够支持电商主播利用视频工具开展直播带货，实现与全国网友的连接互动，展现美丽、质朴的村寨，宣传农特产品。物流体系的建设则为农特产品走出大山、去往全国各地提供了机会。贵州省农特产品以时令鲜果为主，交通基础设施的完善极大地提升了运输速度，减少了因为运输缓慢而出现的各种质量问题。如果没有完善的交通基础设施，没有走进村寨的互联网，即使拥有发展电商产业的想法，也只是空中楼阁，没有办法实施，所以完善基础设施对于乡村发展至关重要，至少可以帮助乡村紧跟时代发展，减少落后、掉队的可能性。

贵州农村地区，尤其是边远贫困地区的基础设施能有大幅度的改善，主要得益于改革开放以来国家和贵州省开展的大规模扶贫运动。党的十八大以来，随着精准扶贫、精准脱贫政策的实施，贵州省农村地区的基础设施、农村产业发展实现了质的飞跃，为贵州省农村接入现代化的发展轨道奠定了坚实的基础。

第五章

草根创作者的创业之路

天麻

　　实际上，丁浪在遇到焕河村之前，就一直在电商领域摸爬滚打。回乡创业之初，丁浪着眼于淘宝平台。之前他在淘宝上留心观察，发现酒类产品的销量一直很好，有稳定的市场需求，进而想到德江及附近的几个县都盛产天麻，天麻酒算是当地的一个特产，应该属于养生类的土特产品，若是投放在淘宝上一定能吸引到不少客户，按照这个思路做至少养活自己应该是没有问题的，发展得好还会创造更大商机。可现实是残酷的，德江能找到的天麻酒厂都是小规模生产的私人作坊，没有生产资质，只能在本地自产自销。最大的问题还不在私人作坊上，而是天麻属于药食同源类产品，天麻酒至今未被国家列入食品销售名录，根本无法挂上网络平台销售。最初围绕着天麻酒创业的想法还未实施便夭折了，丁浪只能寻找其他的机会。既然天麻酒不能售卖，那就找其他的农特产品，自己前期积累的电商从业经验在德江县城里还是非常有竞争力的。

　　现在需要解决的问题是如何找到合适的产品。沿着天麻这条线，经过朋友介绍，他认识了一个在青岛创业后又返乡的年轻人小A。小A返乡的时间比丁浪早一些，2013年就回到德江创业，近两年的创业经历使他积累了一定的人脉和社会资源，且拥有了天麻种植基地，基地的产品主要通过线下销售，还没有拓展线上销售的渠道。于是，丁浪就主动找到小A，表达了合作创业的想法。丁浪这么做一方面是为了实现自己做电商的想法，先找个产品让公司运转起来，另一方面想通过合作，慢慢地增进对本地农特产品的了解，想办法拓展产品种类。按照丁浪的话，就是"先让自己站住脚跟"。

两个人的合作方式很简单：小A的种植基地提供天麻产品，丁浪通过电商渠道销售产品。销售渠道主要是淘宝平台，新鲜天麻作为初级农产品并不需要资质证明，可以直接打包发货。丁浪本想从本地特产天麻起步，之后再拓展到其他土特产品，逐渐将淘宝店铺做大做强。可是2015年的德江县还没有通高速公路，交通运输、物流快递等基础设施均不完善，产业发展受到很大限制。在脱贫攻坚政策的支持下，以农产品初加工为主的乡村特色产业逐步建立，但尚处于发展初期，产业规模、生产能力和标准化程度还不成形。受货源和运输两大核心因素的限制，寻找农特产品的过程举步维艰，导致丁浪能够在电商平台上销售的核心产品只有天麻一种，而天麻虽然很受本地人欢迎，但在淘宝平台却销售惨淡。最糟糕的是，丁浪逐渐感受到传统电商的瓶颈：一是淘宝平台的用户逐渐转战京东，潜在客户群体分流；二是淘宝平台对于商家资质的要求以及收费标准不断提高，在平台能够良好运营的都是规模较大、资金雄厚且产品销量稳定的成熟商家，小卖家逐渐没有了竞争力。实际上，早在2011年，就出现过淘宝小卖家集体抗议事件，其中数百名淘宝小卖家在不法分子的煽动下还聚集至淘宝杭州总部。在这些小卖家看来，被小卖家一口口奶大、打趴外资竞争对手的淘宝，在成熟之后成功实现了对小卖家的收割，不仅结束了免费时代，提高了各项费用和押金额度，而且在政策和资源上大幅度向大卖家和大品牌倾斜。丁浪作为一个2015年才刚刚入局的小卖家，只能说是靠天麻吊着一口气，好在他与小A是根据实际线上销售情况进行利润分红，不存在过多的利益纠葛，还能维持合作关系。

小A的公司的主营业务是天麻种植，全县从事电商的企业本就很少，丁浪的线上渠道拓展让公司有了"电商身份"，在电商园修建完成且全县电商发展尚属起步阶段的情况下，小A的公司在县工贸局的邀请下，成为第一批入驻电商园的企业之一。电商园提供免费的办公场地和仓库，丁浪沾了小A公司的光，在电商园有了自己的办公场所。当时电商园的入驻企业寥寥无几，县里又从周边县市引进电商企业入驻，希望带动本县电商行业发展。尽管如此，在最初的一年，电商园的办公楼还是有不少空房间。

合作之初，小A虽有自己的种植基地，却还没有实现公司化运营。那时丁浪也没有注册公司。合作期间小A注册成立了公司，并未邀请合伙人丁浪入股，而是将丁浪作为员工聘用，这让丁浪愤愤不平。一心想要闯出一片天地的他怎能心甘？毕竟要做一个打工仔，还不如留在广东，收入更高，回乡创业是想要自己当老板，有一番作为。入驻电商园近半年，天麻线上销售的渠道并未打开，小A公司的销售额始终不尽如人意，企业效益并不理想，暂时蛰伏的丁浪有了另谋出路的想法。

猕猴桃

  2016年上半年，丁浪离开了电商园，继续创业之路。这次在策略上不再那么激进，他决定在坚持电商路线的同时，也开展其他业务维持生计，"先保证自己饿不死"。说起来，正是在电商园打工的这段时间，丁浪认识了同样在小A公司工作的新女友。丁浪离开电商园后，这位新女友也同样选择离开，并经过亲戚介绍去了县里其他地方工作。离开电商园后的丁浪先在人流量大的德江一中附近租赁了一间沿街商铺，注册成立了一个主营电商业务的个体工商户，再以女朋友的名义注册了一个主营打印、复印的个体工商户。这段时间，丁浪空闲时经常往德江县城周边的山村跑，看看有什么可以挖掘的特产。跑得多了，丁浪慢慢琢磨明白，特色农产品做电商有三个主要困难：一是农村土特产品难以获得生产许可，二是产业规模、生产水平和产品标准跟不上，三是绿色产品定价较高，大多数顾客尚难以接受。那会儿德江大多数电商企业都处于依靠淘宝平台、半死不活的状态，丁浪也只能蛰伏下来，等待新的机遇。

  丁浪的大学同学中也有回乡搞农产品销售的，还搞得有声有色。丁浪最初觉得他们利用的无非也是类似淘宝的电商平台，可一次无意间打开朋友圈，看到一位山西的同学发的一个公众号上的故事，令他改变了想法。丁浪点进去一看，一个生动的小故事包装一个产品，穿插着吸引人的原生态美景和种植、养殖基地的图片和视频，农产品特质的展现效果大大优于电商平台简单的详情页。再看销售量，平平无奇的大红枣居然累计销售了几千斤，而且好评如潮。这个数字虽然不高，却让丁浪无比动心。想不到，短短一两年的时间里，电商居然有了新路子——公众号带货！丁浪立马在微信上联系大学同学，短暂寒暄后直入主题，请教起了公众号带货运营的成功经验。原来，运营公众号带货和传统电商卖货区别不小，不只是渠道不同。公众号带货是转化私域流量，拓宽私域流量必须费心思给每个产品设计一个引人入胜的小故事，才能获得足够的传播量。更难的是公众号带货虽不需要烦琐的资质证明，也不需要被平台盘剥利润，但对产品质量的要求更高，因为一旦出现质量问题，会引发大规模的客户流失，私域流量里的客户流失之后找回来的难度极大。还有一点，私域流量的积累需要比较长的周期，这意味着需要长期不断地投入大量人力物力，承担的风险也更大一些，可是只要能做成，小商户所获的回报要远远高于在淘宝这类电商平台上运营产生的效益。最重要的是，山西同学的成功给了丁浪极大的信心，因为这位同学的公众号上的所有产品都是在其老家附近找到的农产品，既然山西能成功，那么贵州没有理由不成功，毕竟大山里的稀罕物多了去了。

受山西同学助农公众号带货的启发，小商铺一年租期结束后，不甘心的丁浪毅然决定再一次全身心投入电商。这时一批聚焦农产品的电商企业在德江县陆续成长起来，不过这些企业大多是想借德江县建设电子商务示范县的春风，找点发财致富的机会，真正运营起来的没有几家。不过，虚假的繁荣倒让入驻电商园区的名额变得紧俏，需要较为烦琐的申请和审批程序，丁浪不符合申请条件，只好借用曾经合作过的天麻酒厂在电商园里的空置办公室。电商园里的商家多了，人气也旺了起来，只是生意还是没啥起色，闲来无事的年轻人经常聚在一起闲聊，丁浪说出了山西同学的故事，倒是引起大家对公众号带货模式的兴趣。年轻人总是说干就干，相约着一起出去找产品。

李哥（李海林）是个老江湖，是这群人中年龄最大的，他来自隔壁印江土家族苗族自治县，以前在德江做废品回收生意，学历不高，但社交能力出色。他听贵州邮政系统内部的朋友说国家支持电商发展，便请朋友牵线搭桥，拿下了德江县的邮政电商业务。李哥想着，国家高度重视农村电商，德江县电子商务示范县建设的宣传声势浩大，自己背靠官方渠道，虽然从来没做过，但上手应该不难——没吃过猪肉还没见过猪跑？淘宝总用过吧？这准是个发财的机会。四十多岁的李哥横下心将废品回收生意转手，注册了一家电商公司，依托"黔邮乡情"渠道，干起了从来没做过的农产品电商生意。可他压根儿连电商运营思路都没搞明白，既没有生产能力，也没找到稳定供货且受欢迎的产品，看似背靠大树好乘凉，其实是坐吃山空，经营得不温不火。好在他是个喜欢闯荡的人，电商园提供的办公室和场地暂时不收费，废品回收生意攒下的家当够用，李哥便将这不温不火的电商生意坚持着，也时时寻摸其他出路。

张辉是重庆人，是县政府招商引资时入驻电商园的，在电商园一楼开了个生活馆。这家"武陵生活馆"是当时重庆市秀山土家族苗族自治县农村电子商务标志性项目，现在还能在网上搜到这个项目的宣传，其中写道，"武陵生活馆承担着'新八大员'的职责"，包括网络代购员、便民服务员、导游员、快递收发员、农村经纪人、超市老板、金融业务员、政务员的职责。武陵生活馆形成了相对完善的农村公共服务体系，开启了"互联网+公共服务"的农村电商新范式。德江县政府为了将周边做得好的电商项目直接移植到本地，还给张辉提供了装修经费。移植来的生活馆并未能如愿将秀山的经营体系运用于德江，这家生活馆逐渐变成了"线上+线下"的小超市，而且在线下并没有什么顾客，线上销售又没找到有竞争力的产品，生活馆的经营状况十分堪忧。

还有个年轻人小五，他原本在南方学网页设计，属于技术派，返乡后创业做淘宝电商，基于个人关系与县电商办联系比较密切，主营产品也是农特产品。

除了丁浪，这三人的公司都是在电子商务示范县建设的推动下先后成立的，经营到2017年均没有太大起色，核心原因是没有找到好产品，在电商平台上也没钱购买流量，他们基本上都看不到公司的出头之日。就这样，闲来无事的四个老板一拍即合，新的创业小团队便诞生了。团队中的每个人可谓各司其职、各展所长：张辉有车，每次去找产品就开着他的五菱宏光四处奔走；需要拉货时，李哥以前用于运送废品的大货车就派上了用场；丁浪会拍摄，负责拍摄产品图片和视频，并负责公众号文章的撰写；小五懂电脑技术，负责图片和视频的后期处理，以及线上平台的维护。四位老板的合作口号是"产品一起找，销售一起干，有钱一起赚"。别说，还有点珠联璧合的意思。

丁浪的带货渠道就此从淘宝转移到微信公众号上来。他一边借助同学的公众号带货，一边打造自己的微信公众号"义派电商"。"义派电商"公众号的第一篇推送，就转载了同学的公众号文章中销量转化最好的红枣推文。丁浪分析同学的公众号能够拥有不错的销量和稳定的粉丝，关键在于红枣这款产品。红枣具有产量高、成本低、售价低、易储存、市场接受度高等优势，依靠这样的产品能维系住大量粉丝。于是，按照红枣的标准在德江找寻类似产品成为主要任务，一行人不在电商园里等待，转向乡村和大山，跑遍了德江县各个乡镇，挖掘产品素材，写作故事。

丁浪萌生了一个和以前不一样的想法。做淘宝电商的时候，他天天想着怎么卖产品赚钱；大山里的乡村跑多了，才发现穷地方太多了，如果在带货的同时，还能帮助居住在那里的人多赚一点钱，实现双赢，做事的意义便深刻了很多，而且只有大家都有钱赚，生意才可持续。这种看法恰恰戳中了一些电商平台收割农村，而不是建设农村的痛点。在新想法的激励下，丁浪把公众号定义为公益志愿者团队，公众号简介中至今还写着"运用互联网＋精准扶贫帮助农村困难家庭，销售其农产品，让农产品返璞归真，构建一个从田间地头到消费者手里的两点一线绿色通道"。

带着"黔货出山"的理想，公众号终于迎来了第一款正式产品——黄花菜。黄花菜跟红枣一样，产量高、成本低、售价低、易储存、市场接受度高，上线后销售得出乎意料地好。正当丁浪暗自高兴时，有位在海关部门工作的顾客，顺手用单位的仪器对黄花菜进行了检测，发现二氧化硫竟然超标，便在后台告诉了丁浪这一情况。丁浪半信半疑，重新寄了一些产品给这位顾客，麻烦他再做一次检测，结果仍旧是超标。这可是产品质量问题，丁浪赶紧让黄花菜的厂家拿产品去专业机构检测，结果发现其二氧化硫含量确实超过了食品安全许可标准，只能全部下线，公众号的第一次带货草草画上了句号。

失去黄花菜这个产品后，县里找到电商园里的企业，要求它们帮助全县最偏远的大元村销售野生猕猴桃，正愁没有产品的几个人马上就行动起来。大家坐上李哥的大货车赶往大元村，村里已经组织村民将猕猴桃摘下来用筐装好，货车一来立刻称重装车。可没想到，晚上摸黑返程，刚出村没多久，遇到了一个陡坡，装满了猕猴桃的大货车憋足了劲也爬不上去，人和车都被困在坡下动弹不得。同行的四人有两个留在货车里看货,另两人去村委会蹭了一晚床。第二天一早,村里找了些三轮车来,将货车里的猕猴桃卸掉一部分,货车才勉勉强强爬上坡。将卸下去的部分重新装车,猕猴桃总算被平平安安拉回电商园的仓库。

可是,经验不足又让丁浪他们再次遭遇了滑铁卢。野生猕猴桃在采摘时没有经过挑选分类,筐子里的猕猴桃有些太生,有些太熟,太熟的放在仓库直接腐烂了,太生的又不能发货。四个人只好在仓库里对野生猕猴桃进行挑选、分类,费了不少人工和时间。为了节省成本,丁浪他们订购了一批薄纸箱来发货,却又发现箱里剩余空间过大,野生猕猴桃在运输过程中会发生碰撞,容易损坏。李哥急中生智,找到以前做废品回收的同行,拉来一批废纸屑,将废纸屑放在纸箱中打底,作为缓冲,避免果品损坏。可是,经过一番折腾发出去的野生猕猴桃依旧由于品质问题而差评不断,大部分被直接退货了。退货造成的损失只好由团队成员来分担,可大量差评却给帮忙分销的丁浪的山西同学的公众号带来了很大的负面影响,不少粉丝取消关注,这种隐形的损失没法弥补。第二次带货尝试依旧潦草收场。

团队从连续两次失败的经历中吸取教训,所以在李哥找来橘子的货源、团队准备进行第三次带货时,他们立刻按照预估的销量,定制了质量好、规格标准的纸箱,光5000个纸箱就花了16000多元。按理说这次准备充分,应该没有问题,可是山西的同学在遭遇了上次的损失后,并没有在公众号把橘子当作主打产品来推荐,这样一来点击量(阅读量)和购买量就远远没有达到预期,5000个纸箱剩下大半堆在仓库。第三次带货仍以亏本结束。

紫薯

经过连续三次失败,四个人还是不死心,反而有点愈战愈勇的感觉,把产品寻找范围扩大到周边县,很快找到了思南县沿沙村的紫薯[1],公众号带货才有了第一次真正意义上的成功。

"2016年村支两委牵头按150元/亩流转土地300余亩,成立思南县文家店镇沿沙村集体经济组织专业合作社,开始种植紫薯,由于大多数男人都外出打工了,村里的女人们成了合作社的主要劳动力。种植和采收都是靠她们完成,家里老人和孩子也需要她们,她们用自己的双手撑起了一个家。"推文故事将乌江河畔种植紫薯的妇女的劳动形象绘声绘色地描述出来,成功获得了粉丝的关注,不仅紫薯的销量很好,而且公众号由此吸引了很多新粉丝的关注。在此之后,丁浪信心倍增,木耳、菊花、百合、冰糖橙,这些德江特色产品都成为热销品。微信公众号逐渐取代淘宝成为丁浪主要的销售渠道。为了将微信公众号升级为有更多功能的微信服务号,丁浪在2017年正式成立了贵州义派电子商务有限公司。

连续带货成功让丁浪在德江县电商圈子里声名大噪,可即便是有了优质的产品和较为稳定的销售量,利润依然是有限的,四个人分成之后到手的并不多。折腾了两年的电商事业尽管有希望,却满足不了现实生活的需求,伙伴们陆续离开了电商园。李哥回归废品回收生意,张辉回到老家重庆继续开店,小五则又去了南方的大城市打工,

---

[1] 丁浪团队曾为多地农民种植的紫薯带货,此处与后文所介绍的紫薯产地不同,正是这个原因。

只剩下丁浪一人在德江坚守着电商这条路。丁浪对那一年四人一起在村落间奔走、熬夜写稿、线上销售的日子非常怀念，他在后来的公众号文章中回忆道：

"仿佛这一年我们掉进时代的旋涡，最终还是逃离不了柴米油盐，回归原本父母期待、妻子期望的正道……而我，更多是在回味我们曾经走过的每一个地方，守着哥三个给我铺下的路，一直期盼在某个时候还能像曾经一样走遍贵州大地，虽然他们现在离我很远。至今我也没有后悔走上这条农村创业路，我很感谢这段丰富的经历，我也会一直坚持走下去，哪怕我依旧因对将来的不确定而迷惘。"

彼时的丁浪明确意识到大山里的生鲜产品虽然有着绿色环保、生态健康的优势，却受到季节性影响，一批货卖完就要等到第二年才有新货源，产品不具备稳定的接续性，并非长久之计，必须找到一款长线产品，才能实现货源产量的稳定和质量的标准化。正是在四个人准备各奔东西的时候，丁浪在借来的办公室里见到了从焕河村来的赵红军，开启了他做短视频账号的旅程。

溜达鸡

高中毕业的焕河村人赵红军也是个从小穷怕了的人，还是村里当年为数不多的留守青年，或许是同样怕穷的"体质"，让他将丁浪引入了焕河村。赵红军喜欢琢磨，满脑子想的都是如何赚钱。在他眼里，山里遍地是宝，靠山吃山，靠水吃水，只要能做好，赚钱的机会还是有的。焕河村一年四季流水潺潺，偶尔的大雪会为山体裹上冬装，其他时节，葱郁的树木、杂草遍布大山，都是能够开发利用的资源，可寨上的人平时只知道用这些杂草喂养家里的牲口。山坡上的老人拿着一根小细木棍驱赶着一群山羊，领头羊则晃着脖子上挂着的铃铛，大摇大摆地走在前头，仿佛在宣告"这是我的地盘"。耕田用的老牛也发出"哞……哞……哞"的叫声，抬一下头却无暇观赏风景，忙又低下头去啃"天然饲料"。这是片几乎没有被工业排放物污染过的纯净之地，一切都是天然的、干净的。赵红军就抓住了焕河村的优势，在大山里养起了黑羽乌骨鸡。

相比猪、牛、羊的长周期投入，赵红军发现鸡更好拿捏，鸡的养殖周期短，在山里放养也没有什么成本，而产出更容易变现，除了卖鸡外，还可以卖鸡蛋。算起来，养鸡八成是个稳赚不赔的买卖，经过一番比较和研究，他托人购入了一批黑羽乌骨鸡雏鸡。赵红军之所以选择黑羽乌骨鸡这个品种，是因为从县里朋友那里听说，城里人喜欢吃这种鸡下的蛋。而且这种鸡好养活，自己在村子里也好开展养殖。

随着社会经济的发展，农产品消费理念逐渐出现新的潮流。新鲜且先进的饮食消费观念是城市新中产阶层购买食品时的主要驱动力。他们注重健康的饮食标准，关注食品生产与自然之间的有机关系，不希望在食品生产过程中使用化学药物和农药，注重食物的新鲜度。在焕河村，没有围栏，没有天敌，散养的鸡可以随处乱跑，生活环境中有草、有树、有花、有泉水，不用专门喂饲料。在这样自由自在的环境中"运动""吃饭""成长"的黑羽乌骨鸡自带"天然无公害"的标签，是城市新中产阶层眼里难得的"珍品"，大受欢迎，不仅"一鸡难求"，而且曾出现过"一蛋难求"的景象。赚到钱的赵红军不再是留守青年了，而是寨子里少有的"有为"青年，在大家的一致推选下，他做起了村委会副主任。大家都说焕河村需要一个领头人，心头一热的赵红军说干就干，拉着村委会的几个人，说了想法："村里想要发展，却没有资金，只能以村寨的名义把事情做大，然后分红惠及参与的人。刚开始的时候，总要有人牺牲一下，村干部的月工资暂时不发，等把这个集体经济搞出去，年底的时候再发给他们了。"养鸡能赚钱是大家有目共睹的，有人带头赚钱的好事，自然不会有人反对，焕河人集体养鸡的"事业"支棱起来了。一人养鸡赚钱容易，大家一起养鸡赚钱遭遇的困难却是始料未及的。

一个人养鸡的时候是自负盈亏，亏了赚了都是自己家的事情。不忙的时候，赵红军会拉上妻子背着背篓，小心翼翼地扒拉草丛，鸡蛋一捡就是一天；忙不过来的时候，他可以雇人去山上帮忙捡鸡蛋，转头送去县城店铺，当天就能拿到现钱。集体养鸡之后，鸡的数量从自家的500多只，增加到集体的3000多只，每天大约产蛋3000枚，压力给到了销售这边。赵红军之前的销售渠道非常简单，主要依靠本地市场，朋友购买一些，县城里的店铺分销一些，基本上没有什么剩余了。现在面对这么大的产蛋量，赵红军需要开拓更加稳定的销售渠道。

丁浪与焕河村结缘

赵红军先找到了当时德江县城里的一个本地线上销售平台，这个平台在成立之初主打"黔货出山",已经帮助一些农户将贵州的农产品卖出去。这次初步尝试便让焕河村天然无公害鸡蛋销往了全国各地,甚至贵州以外地区的销量比贵州省内的还高一些,一个月共销售了10万枚绿壳鸡蛋,看起来渠道打开了。可是,好景不长,鸡蛋保鲜和运输在短短的一个月内暴露出一系列的问题,线上平台也无力解决这些问题,合作出现了危机。赵红军急得直挠头,不得不自己想办法联系县城里的一些单位。县里的妇幼保健院正好有对口的帮扶任务,便按需采购了几千枚绿壳鸡蛋,但与线上平台一个月10万枚的销售量相比,差得可不是一星半点。这也让赵红军意识到本地市场的局限性,山沟沟里的产品再好,想要扩大销售市场,光靠自己在朋友圈吆喝和在线下超市间奔忙也是远远不够的。焕河村鸡蛋的销售,必须有专业电商帮忙。赵红军感到"压力山大",本想着当上副主任,带着焕河村老老少少一起赚钱,出头露脸一把,结果鸡蛋卖不出去,寨子里的人赚不到钱,还把村干部的工资都搭进去,以后在寨子里要抬不起头了,不禁愁得焦头烂额。

在与线上平台合作的时候,赵红军要自己用车把绿壳鸡蛋送到线上平台的仓库,由平台公司统一打包发货,其他销售渠道则通过邮政自行发货。焕河村距离最近的乡镇有10公里左右的路程,快递物流网络当时还不能到村,走物流必须去镇上的快递超市,邮政工作人员倒是可以进村,但并不是天天来。赵红军手里有负责焕河村这一片区的邮递员的联系方式,每当有大规模发货需求时,便联系邮递员带上打包材料到村里来。看到绿皮鸡蛋的销路出现了问题,热心的邮递员帮赵红军出主意,说他在县里的邮政集散点见过其他村的农产品,听说是邮政系统内部搞起了电商带货,赵红军可以去县里打听打听。邮递员说的是中国邮政集团公司贵州省分公司于2016年启动的"黔邮乡情"项目。

"黔邮乡情"是邮政系统响应国家精准扶贫的号召,开展的电商助农项目,其在德江县开展的业务是通过公众号和其他线上平台做农产品带货。赵红军面对满屋子密密麻麻的绿壳鸡蛋,早已如坐针毡,像个无路可走的没头苍蝇,只要听说哪里能帮忙卖鸡蛋,马上就去看看,听到这个消息更是想都没想,赶紧跑了趟县邮政局。

到了县邮政局才知道,邮政局本身并没有专门的业务部门负责带货,而是采用外包的方式跟电商公司合作,每个县都有专门负责电商业务的人。在邮政局工作人员的介绍下,赵红军头一次听说在城北还有个电商园,里面有人专门搞农产品带货,还拿到了"黔邮乡情"在德江的负责人李哥的联系方式。看到了希望的赵红军,又开着车去了城北电商园。

在政策的"春风"下,2015年下半年,德江县获得"农村电子商务示范县"的称号,并获得中央财政经费拨款,修建了农村电商示范园区。园区建设由国家电子商务进农村专项资金到位2000万元,县级匹配到位1000万元。根据政策要求,项目资金主要用于县级电子商务公共服务中心建设、电商宣传、电商培训、农村服务站点建设、快递物流、本地产品网货开发、产品溯源等。

赵红军驱车抵达城北,迎着马路就见着一栋四层高的楼房,占地上万平方米,楼顶竖着"德江县电子商务产业园"的招牌。大楼从外面看是一间间上百平方米的办公室和仓库,大楼迎着马路的墙上挂着所有入驻企业的名称,大多是与电子商务和物流相关的公司,侧面浅蓝色的墙漆上还印着"大众创业,万众创新"等标语,朝气蓬勃。沿着楼梯走进电商园内部，赵红军刚刚燃起的希望之火就变得微弱了。电商园里并没有热火朝天的繁荣景象，大部分办公室空空荡荡，许多公司的招牌下面都是紧锁的大门，仓库堆放的货物也零零散散，不成规模。走到二楼，才见到坐在办公室闲来无事翻看手机的李哥。赵红军这才知道邮政电商的带货量凄凄惨惨，即便是背靠着邮政局这棵大树，李哥的公司也濒临倒闭。对于赵红军提出的合作意向，李哥婉言谢绝了，还直言自己马上也要关了公司回老家去。

　　看着被泼了冷水、神情沮丧的赵红军，李哥动了恻隐之心，本着死马当活马医的想法，给他引荐了一个年轻人。李哥指着隔壁的办公室说，那是丁总的办公室，公众号带货搞得还不错，可以找他试试。那天丁浪不在，李哥在电话里简单介绍了一下赵红军这边的情况，帮两人约定了第二天见面谈合作。赵红军半信半疑地透过玻璃看了看隔壁那间同样空荡荡的办公室。办公室门口挂着"义派电子商务有限公司"的牌子，办公桌上和靠墙的货架上七零八落地摆着一些打包好的包裹，看起来公司还在运营。别无选择的赵红军只得先回到寨子里，抱着残存的希望准备第二天再去电商园见丁浪。

　　赵红军第一次见到丁浪时，后者穿着朴素却干净整洁，黝黑的脸颊上"镶嵌"着一双乌黑透亮的眼睛，一米七左右的身高，配上纤瘦的身材，显得宽松整洁的衣服下面空荡荡的。丁浪说起话来还带着一丝乡音，谈话间时不时爆发出的朴实笑声和毫不掩饰的坦诚，任谁都会对他生出可亲的印象。赵红军所不知道的是，这个看似青涩的小伙子已经在电商这条路上摸爬滚打四五年了。

　　丁浪和赵红军年龄相仿，看起来却年轻很多。赵红军探头进来的时候，丁浪还在捣鼓他手中的鼠标，聚精会神地设计着页面，突然瞥见一个黑黝黝的"老汉"在看着自己。那是个一米八几的大高个儿，手里不知道拿着什么。

"您有什么事情吗？"丁浪试探性地问道，声音里带着些许不确定和对陌生人的防备。

"哦哦，我就是邮政局那边的人介绍过来的，他说你有可能帮上忙。"听着熟悉的方言，丁浪的戒心瞬间放下了一大半。"我在村里养了很多乌骨鸡，现在下了很多绿壳鸡蛋，但是卖不出去，不知您这边有什么途径吗，具体是怎么个合作形式啊？"说着，赵红军摊开自己的手，把绿壳鸡蛋露了出来。

丁浪从简陋的办公室里搬出一张板凳，"您先坐，我给您倒杯水，我们慢慢聊聊"。聊开了，两个人的热血涌上心头，丁浪立刻决定去焕河村看看实地情况。

或许是气场相投，或许是抱团取暖，对于山、对于这片土地，初次见面的两个人有聊不完的话题，一个多小时的路程居然没有冷场，言笑晏晏间便到了焕河村的赵红军家。赵红军的妻子是个实在的农村妇女，背着孩子要给丁浪倒水。

"嫂子，不用麻烦啦，俺跟赵哥去瞅一眼就回来了。"丁浪打开车门亦步亦趋地跟着赵红军往院外走。"我们等会儿就回来，你看着弄几个菜，让人家留下来吃饭。"赵红军匆匆和妻子交代两句后，拿起门旁的一个竹篮子便带着丁浪去看实地情况了。

柔和的春风拂过丁浪的脸颊，张开双臂闭眼享受几秒，再睁开眼时，山上稍高一点的绿色植物随风摆动，阳光从沙沙作响的树叶的缝隙中透射下来，斑驳的树影交织在每一个脚印上，牲畜们在叽叽喳喳的鸟叫声中，在不知名的野花香气中优雅地漫步，不时发出舒适的叫声。或许是因为之前人迹罕至的水泥路终于有了人影，路过的黑羽乌骨鸡忍不住冲着人叫唤两声，好像是为了彰显自己的存在……这是以前丁浪在广东打工时看不到的风景，在德江县城里也是少见……

"旁边那些就是我们在养的乌骨鸡，你看那个窝在那里没动的，有可能就是在下蛋。"说着，赵红军便带着丁浪悄悄摸摸地从旁边的小道绕了上去。

丁浪屏息绕开从地里冒出来的杂乱枝条，顺着若隐若现的脚印，跟着赵红军猫下身子，脚步放轻，扒拉着探头向前望去。"纯天然的绿壳鸡蛋！"丁浪心中暗暗一喜，这玩意儿可不常见。赵红军小心地捡起鸡蛋放进竹篮子里。"你也知道，咱们这边地少，种啥都不成规模。像这样养点什么，就得漫山遍野地跟着跑，平时捡蛋就是这样，稍不留神就会踩碎。"

"确实，挺不容易的。"丁浪点着头表示理解，物以稀为贵是千古不变的道理，纯天然的绿壳鸡蛋可以算得上稀罕物。"刚刚不说话是因为有的鸡在下蛋，怕惊着它们。"赵红军开始介绍养殖规模、乌骨鸡平时的产蛋状况、目前鸡蛋的存量等等。丁浪已经在心里暗暗盘算怎么才能为这么好的鸡蛋打开销路，卖个好价钱。

"反正大概情况就是这个样子，走，回家让你嫂子炒个绿壳鸡蛋给你尝尝啥样子。"赵红军提溜着几十只鸡蛋便领着丁浪往回走。"赵哥，我刚刚也大致看了一眼，情况也有了一些初步了解，具体怎么操作得等回去再仔细琢磨一下。"丁浪跟在后面说。"成，反正最近就是个产蛋高峰期，可能需要尽快把它们销出去，要不然就砸手里了。"赵红军还是有点着急的，这是寨子上不少人的希望，不能真的砸在手里。

饭桌上摆上了一大盘冒着热气的辣椒炒鸡蛋，赵红军举起茶杯，"就不让你喝酒了，等会儿还得开车回去，就以茶代酒。我这绿壳鸡蛋就拜托你了"。两人在饭桌上相见恨晚地又聊了好一会儿，丁浪才驱车往回赶。

回到家，丁浪马不停蹄地拿出相机、打光板、收音器等家伙事儿，一股脑儿塞到副驾驶室。回到书房，在电脑上打开"义派电商"公众号后台，丁浪琢磨起明天去拍点什么素材，写什么样的文章发出去。睡觉之前又发了个微信："赵哥，明儿一早我找您去，您在家吧？"得到肯定的答复后，丁浪赶紧早早地休息，养精蓄锐，明天还要赶山路。

第二天丁浪起了个大早，赶往焕河村。

"吃早饭了没，一起吃点儿？"

丁浪和赵红军客气了几下，招架不住对方的热情，便半推半就地吃了个早餐。辣椒炒鸡蛋像是"常驻嘉宾"一样，又被端到了饭桌上。

"赵哥，我今天来就是想拍点素材，然后编辑编辑写点东西给发出去，看看能不能销出去点。"丁浪放下碗筷，瞅着赵红军道。

"成，等我拿个背篓就走。"

昨天的两个人，再一次踏上了可能的致富之旅。只不过与上一次的两手空空不同，这次丁浪拿起他的专业相机就一顿猛拍，周围的山景美色、山间的黑羽乌骨鸡、养鸡的人，都是他的拍摄对象。

"赵哥，我昨晚回去想了想，我这边主要是通过我的公众号给您把绿壳鸡蛋宣传出去，吸引人家来买。具体的分红，您看……"

"啊要得要得，这些我都清楚，咱们具体商量一下分红啥的，签个合同,就定下来吧!"

温暖的阳光和着微风,签完合同的那一刻,丁浪觉得安逸得很,谁知从小就在山路上健步如飞的他,竟一不留神滑了一跤,手里的相机也摔在了地上,唯一值得庆幸的是素材拍得差不多了,回去不会耽误工作,就是修相机不知道要花多少钱。"破财消灾。"丁浪给自己做积极的心理暗示。

《走进大山,乌鸡绿壳鸡蛋成了全村的致富希望》这篇为黑羽乌骨鸡绿壳鸡蛋量身打造的公众号文章诞生了。"乡间袅绕的大雾美景……如仙境一般……蜿蜒的山路……我们走了一个多小时……很难想象在没有电没有通公路的年代,这里人们的生活是多么的艰苦……"文章描述了焕河村古朴静谧的自然风景和纯天然的黑羽乌骨鸡养殖过程。"走进养殖基地,远远地就听见公鸡的打鸣声和母鸡下蛋后的歌唱……黑压压的黑羽乌骨鸡在树林里穿梭……鸡吃饱了就三五成群地在林子里遛弯,享受一下日光浴……"文章附上了一段村民大爷在养殖基地看顾鸡的视频,最后还夸赞了绿壳鸡蛋的口感,挂上了绿壳鸡蛋的购买链接。

尽管丁浪和赵红军都希望绿壳鸡蛋大卖,但文章究竟能溅起多大的水花,谁也不知道。事实上,这次带货的成果并不尽如人意,销售额只有几千块,对于鸡蛋堆满屋子的赵红军来说只是杯水车薪,但丁浪偏偏觉得和焕河村有缘分,总想着再为这个村子做些什么。既然绿壳鸡蛋未能受到顾客青睐,那能不能帮焕河村发展些别的产业?公众号带货销量最好是思南县沿河村的紫薯,既然隔壁县能种好,那焕河村是不是也能行?于是丁浪专门开车去沿河村拉了一车紫薯苗,让赵红军组织村民拿回去自己种植。看看卖不出去的绿壳鸡蛋,再看看水井旁堆放的紫薯苗，焕河人显然不会再"上当"了，他们也没有兴趣。焕河村村民早已习惯种植洋芋和红薯，且种出来大都是用来喂猪，他们从没种过紫薯，不知道产量如何，连猪愿不愿意吃都不确定。紫薯实验最终也以失败告终，少部分人种出来的紫薯个头小、产量低，也只能拿去喂猪。

第六章

传统村落景观的打造之路

丁浪返乡创业的波折和在电商之海的沉浮从另一个侧面说明了农村发展的困难之处，那就是像贵州这样的偏远地区，千百年来发展缓慢主要是受自然环境制约，说白了，就是这里并不适合大规模的农作物种植，运输也不方便。放在电商的背景下，光靠销售农产品，可能会有一时的提高村民收入的效果，但是并不能持久。好在农村的建设并不是只有一面，2010年后，焕河村的村容村貌也在悄然发生变化，空心化的村庄逐渐热闹了起来。

焕河村并不大，却很偏，是共和镇最偏僻的村寨之一。正因为偏僻，焕河村的人走出去的欲望特别强烈，无论是早些年的招工、参军，还是近些年的出去上学、打工，能够在外面安家落户的人家，几乎没有回来盖房子的。附近很多寨子都把传统的木房拆了，改建水泥砖瓦房，而焕河村的人似乎觉得这里实在不值得花钱盖房，与其拆了重盖，不如进城买房。或许是因为有类似想法的人多了，焕河古村落保存得反而较为完好。焕河村大部分木制房屋里住的只有老人和幼童，还有一些没有人住，人走了之后空置在那里，基本保存了传统村落古色古香的样貌。

从时间上来看，焕河人是2008年之后陆陆续续迁往县城定居的，这个时间点距离焕河人第一次外出打工过去了大约20年的时间。幸运的是，在焕河人纷纷外出打工的这些年中，把家里木房子拆掉重建的少之又少。2010年前后，德江县迎来了房地产发展的高潮，焕河村也随之出现了往县城迁移的高潮。早先焕河人在县城盖的房子是自建房，这属于监管灰色地带，2010年之后，焕河人大多数是购买开发商盖的商品房。焕河村每一栋木制房屋都可以被视为一户独立的人家，到现在，焕家沟40多户人家里，在德江没有房子的大概只有5户。现任村副主任赵法江说，焕河人有个习惯，那就是搬到县城的新居之后会邀请亲朋好友去挑兜和抬彩[1]，哪家有房子，哪家没房子都不是秘密，几乎全村人都会知道，所以这个数据是比较准确的。

改革开放以来，经过城市化和工业化的快速扩张，大批农村人口流向城镇，村落中传统的生产和生活秩序瓦解，空心化严重，村庄中的民居建筑也因没有人居住和维护而逐渐破坏损毁。古村落中物质形态的和非物质形态的文化遗产亟待保护，因为古村落空间中承载着中国数千年的乡土文明，具有较高的历史、文化、科学、艺术、社会和经济价值。

2011年，赵开旭和新当选的村支书赵齐臣得知国家正在组织各地申报"中国传统村落"。中国传统村落的评审主要关注几个方面。第一是历史文化积淀。村落在历史上曾经作为政治、经济、文化、交通中心或者军事要地，或与重要历史名人以及曾经发生过的重要历史事件有关，或村落蕴含深厚的儒家思想、道家思想、宗亲文化、传统美德和人文精神等，可以集中反映本地区的地域或者民族特色。第二是选址、格局、肌理保存得比较完整。村落需顺应自然山水，延续历史文脉，具有传统特色和地方代表性，延续传统格局，整体风貌协调。村落的格局需要与乡土生产和生活密切相关，反映特定的历史文化背景。第三是传统建筑需要有一定的保护价值，村落中文物古迹、

---

[1] 挑兜指房主的亲戚朋友用挑子挑上稻谷，前去恭贺新房落成。抬彩指房主的亲戚朋友将彩色床单或布匹等缠挂在竹竿上，然后挑着竹竿前去恭贺新房落成，并将彩色床单或布匹悬挂在新房大门上。

历史建筑、传统建筑分布集中连片，或数量超过村庄总建筑量的三分之一，能够较为完整地体现一定历史时期的传统风貌，并且保存得相对完整。第四是非物质文化遗产传承良好，拥有较为丰富的非物质文化遗产资源，拥有省级以上非物质文化遗产代表性项目，并且传承至今仍旧活跃，与村落的依存度比较高，村落需经常举办民俗活动。

根据以上评判标准，焕河村是很有机会被评上的，因为传统的木制建筑在很多寨子已不常见，即便保留下来，大部分也被用于堆放杂物和饲养牲口，破坏得极为严重，连申报的资格都没有。恰恰是焕河村的偏远让传统建筑破坏得没那么严重，而焕河村的劣势在于传统建筑的规模不大，例如焕家沟这部分的传统建筑分布在山坳两侧，加起来才40多栋木制房屋，且缺少标志性的宏大独栋建筑或者院落。在申报传统村落时，申报材料里的标志性建筑只好用赵江家的第四饭厅充数，这可是有着两百多年历史的老房子，在过去的两百多年里，焕河村居然没有一栋房子的规格超过它，想来，穷是真的穷。

申报中国传统村落那会儿，焕河村的很多老房子处于空置状态。张金秀在大女儿结婚，二女儿外出上学之后，带着小儿子去了湖北，跟丈夫赵开仕生活在一起，顺带找了一份保姆的工作，赚些钱补贴家用，家里的房子也是空置。倒是第四饭厅住着人。赵江出去打工，家里人还住在老房子里，仿佛在坚定地守护着这一份祖先的荣耀，直到2014年，赵江全家搬去县城居住。焕河村历史最悠久、面积最大的建筑第四饭厅，历经两百多年的风风雨雨之后终于被闲置。

传统建筑规模有限的焕河村第一次参评的结果可想而知。不过好消息在2013年传来。住房和城乡建设部、文化部、国家文物局、财政部根据《住房和城乡建设部等部门关于印发〈传统村落评价认定指标体系（试行）〉的通知》，经传统村落保护和发展专家委员会评审认定，决定将德江县共和乡焕河村列入第二批中国传统村落名单。入选的好处是显而易见的，国家专门针对入选村落给予资金支持，2020年10月22日，住房和城乡建设部在《对十三届全国人大三次会议第9715号建议的意见》中指出：2014年起，中央财政支持列入国家名录的传统村落保护发展，每个村落给予300万元补助，累计已支持4350个村落、补助资金131亿元。

在获得"中国传统村落"的头衔后，焕河村最大的变化之一是老房子想拆也拆不掉了，按照规定，所有传统村落的老房子，拆建都必须经过村委会同意，拆掉传统木制房屋改建成砖房是明令禁止的，最典型的例子是曾经的焕河小学。焕河村小停办之后一直处于闲置状态，虽然有点破败，但位置正好卡在寨子入口的最佳位置。当初无偿拿出宅基地的人家想要收回宅基地，在村小原址上重建一栋砖房，毕竟现在农村的宅基地未来可能是可变现的资产。村委会得知后出面制止，但人家将位置更好的宅基地置换给村中使用，也算是做出了不少贡献，不能让好人吃亏。后来，村委会采纳了一个折中方案：焕河村小的老房子由寨上集资出钱，全面翻修，翻修后当作乡愁馆，免费使用22年后再归还。有了村小的例子，在村委会的监督下，焕河村的老房子完完整整地保存了下来，并且按照传统风格不断修葺改造。

复兴

焕河村的第二个变化是传统文化出现了复兴的趋势。在焕河人纷纷出去打工之后，不少集体的事情没有多少人参与，寨子里的活动冷清了很多，常常张罗不起来，一些传统文化习俗也就中断和衰落了。较为典型的事例有两个，其中一个是狮子灯，它常与传统舞蹈结合，形成狮子灯舞——一种大型祭祀性舞蹈。每年"拜新春"时，全寨都为此忙活，用以祭拜天地、山神和祖先。狮子灯舞场面大，动作套路多。上场舞者十八人，头戴面具，手舞兵器，服装也各有特色。舞蹈中间有独舞和一部分武打动作，动作粗犷幅度大，具有晃胯、扭腰等特点。有些动作属于即兴表演，其余转身、走步、武打等动作也均有一定的随意性。舞者高兴时，只要鼓声不停，可随意反复，有时要长达两小时才能跳完，直至舞得筋疲力尽。但随着年轻人的流失，这种传统文化活动后继乏人，甚至有些时候外出打工的年轻人临近春节才回到家，舞狮队的人手都凑不齐，更谈不上唤起人们过春节和元宵节的热情了。

另一个有代表性的事例是结婚礼仪的简单化。焕河村的传统婚礼是隆重的，可能要持续三四天时间。土家族有哭嫁传统，即女儿出嫁时一定要哭，而且要哭得动听，要一边哭一边唱哭嫁歌。哭还要大哭三次：过礼哭、娶亲哭和发亲哭，谓之"新娘三哭"。除了哭嫁之外，接亲过程也非常隆重。接亲队伍要有新郎家的长辈"押礼看轿"，新郎与接亲队伍需喝拦门酒、"摆礼"，"撞"开新娘房门，才能见到新娘。然后，新人热热闹闹回到新郎家，再经过一顿"正酒"，才算完成新娘的认祖归宗仪式。整个过程鞭炮声不断，唢呐师傅必须吹响唢呐走在最前,让全寨子的人都知道。家家户户站在门口看新娘子,新娘子才算嫁得风风光光。现在的婚礼就变得简单很多,甚至一些年轻人结婚只选择在县城办一场婚宴,再回到寨子简单地拜访一下家里的亲戚,就算是认祖归宗、成家立业了。

从发展的角度来看,狮子灯舞的消失和传统婚礼的简化是一种必然,焕河人口从聚集到流失是农业社会向工业社会转型的结果,农村人口向城镇集聚也是工业社会的发展规律。寨子里的老人会为此而哀叹,但年轻人想要的现代化生活当时在偏远的焕河村是不太可能实现的,于是年轻人用脚做出了选择。人口的流失与文化的衰落在焕河山寨里几乎是同步的。不过,事情在2013年焕河村获得"中国传统村落"的称号之后出现了转机,好事接踵而至。2015年的春节,焕河村的人们时隔多年再次组建传统舞狮队。或许是为了给春节、元宵节增添节日氛围,或许是为了展示中国传统村落的文化传承,舞狮队不仅在村里进行了表演,还去周边的村寨和县城好好展示了一回。2015年6月,德江县住建局委托贵州通和规划设计咨询有限公司为焕河村编制设计了《德江县共和镇焕河村传统村落保护和发展规划》,焕河村自此又多了一顶"乡村旅游示范村"的帽子。

此后,焕河村仿佛运气"爆棚"。2016年,焕河村通过贵州省政府推动的"四在农家·美丽乡村"行动计划申请到了200多万元的经费。"四在农家·美丽乡村"旨在建立结构合理、功能完善、畅通美化、安全便捷的乡村道路体系,完善农村硬件设施。这笔资金由乡镇支配,村里负责配合乡镇进行改造,改造的重点是公共基础设施,如修建观光休闲亭、安装太阳能路灯、推进连户路硬化工程、修建公共厕所、修建石院坝等,还对部分村民的房屋进行了整体维修改造。

2017年，在焕河村长大，从高速公路建设协调指挥部回到县住建局工作的赵健涛发现，2015年、2016年和2017年中国传统村落相关资金都下拨到县，但是这些资金都存在县里的账户上，并未真正使用，累计有2000多万元。在赵健涛的努力下，县里的中国传统村落资金下发到各乡镇用于传统村落保护发展相关工作，焕河村从中分到356万元，修建了原村小至水井的长廊，并修建了观光亭、观光梯等，这笔资金还被用于维护和修复传统样板房、文化广场、消防设施、寨门、卡门，公路硬化亦受益于这笔资金，得以推进，当然，人们也没忘记对焕河村的标志性建筑第四饭厅进行翻修与维护。焕河村焕然一新。

能人

赵健涛在焕河村焕然一新的过程中扮演的角色非常重要，他的人生经历可以被视为那一代焕河人的典型经历。赵健涛的父亲赵开维算是寨子里的文化人，有六个孩子，家教严格。赵健涛既不是最大的那个，也不是最小的，而中间的孩子通常最不受宠、最容易被忽视。小时候，赵健涛成长在角落里，很少感觉到父亲的慈爱，总感觉自己被忽视，成年后的他才真正将这种忽视合理化，四十多岁才对很多年少时的事情释怀。

因为父亲是教师，赵健涛打小便耳濡目染，跟父亲念书，上学之后学习成绩相当不错。1997年6月，赵健涛参加中考，被德江一中重点班录取，并被免除学费。但赵健涛的姐姐考虑到家庭负担相对较重，为了让赵健涛早点出来分担家庭重担，便将录取通知书藏了起来。这件事赵健涛后来才知道。赵健涛于1998年复读初三，在父亲从银丝完小退休的同一年再次参加中考。赵健涛被初中老师寄予厚望，老师们都认为他是个读书的好苗子。可是这次考试前，姐姐悄悄地找他，劝他放弃考高中，读个中专后回来帮父母养家。赵健涛每每想至此事都满脸无奈和不甘。没有家里人的支持，读高中、考大学只能是奢望，家里条件如此，认命是唯一的选择。以他的成绩考个中专，那是轻轻松松。最后，赵健涛被贵阳市城乡建设学校工民建专业录取。1998年可以说是中专生的分水岭，在1998年之前，中专是很多农村孩子的第一选择，因为在高校扩招之前，大学生在人们的眼里是社会精英，是稀罕物，成为大学生也是农村孩子难以企及的梦想。一旦考上大学，不仅国家出学费，毕业后还有干部身份，包分配。但农村孩子读高中、考上大学的概率并不高，而中专毕业，国家也包分配，能有正式工作和稳定收入，既能够立刻减少家庭的教育负担，还能够很快补贴大家庭的生活所需。

2002年赵健涛从中专毕业之后，被分配到了贵州省建筑设计研究院下属的项目管理公司做实习生，从大山来到省城的他深知机会来之不易，而且在这样人才济济的单位，中专学历显然是个短板，他必须加倍努力才能赶上别人。实习期间，每天夜深人静的时候，赵健涛为了不打扰集体宿舍里的其他人，趴在被窝里用手电筒照明，翻阅第二天要用的资料。实习期满，他是实习生中唯一一个被上级领导公开表扬的，"很勤快，项目上手也快"。当年赶上事业单位改革，为了解决人员冗余的问题，完成实习且通过考核的人，也要推迟两年才能正式分配工作。尽管是唯一得到领导表扬的实习生，赵健涛也不能例外。幸好有贵人相助。实习期里的优异表现被人看在眼里，赵健涛被领导推荐去贵州三维工程建设监理咨询有限公司。既然暂时不能正式分配工作，那么不如利用这两年到私营企业打工，不但能积累足够的工作经验，也能赚到比事业单位或国企还要高的工资。在这家公司，赵健涛是贵州公路改造和高速公路建设项目的监理工程师。监理工程师的活不太好干，要天天在工地上和施工队打交道，和建筑工人一起日晒雨淋，一旦出现质量问题，还需要承担相应的法律责任。面对来之不易的机会，赵健涛不负众望，年终总结会拿到"优秀员工"称号的人里，只有他一个人是中专学历。

做了两年多之后，赵健涛觉得还是稳定的体制内工作比较靠谱，因此在2005年"正式"分配工作的时候，回到贵州省建筑设计研究院下属的项目管理公司，参与省住建厅的经济适用房小区项目。

2007年底，赵健涛去了稳坪镇的村建站。当时在基层组织中有一项不成文的规定，即凡是新来的干部都要先到基层去做驻村干部。于是，赵健涛有了两年半的包村经历。这段经历和此前几段经历一样，成为他成长过程中的宝贵财富。由于所学专业对口，且有参与高速公路建设工程的经历，赵健涛被德江县高速公路建设协调指挥部看中，受指派领导了过境德江县的三条公路的建设工程，工程历时7年。其间，赵健涛还通过了专业技术职称考试，取得了中级职称。在领导们的关心和自身不懈努力下，赵健涛于2014年被调进县住建局。

在县城里能够拿到中级职称可是一件了不得的大事。中级职称职工的工资收入与科级干部基本相当，拥有中级职称并晋级到8级岗，工资甚至要比科长高一些。一般县里的行政部门和事业单位都是科级单位，当上局长、副局长才有科级和副科级的待遇，这在县城里是绝大多数人奋斗一辈子也不可能实现的目标。而且，取得中级职称后还有机会获取副高级职称，收入相当于处级干部，也就是县长、副县长的水平了，当然这种机会也不是常有，只能作为一种想象。无论如何，在县城里，拿到中级职称即便谈不上前程似锦，也能衣食无忧。

赵健涛性格较为耿直、没有城府、不修边幅，什么事情都挂在脸上，不太适合当官，而且很看不惯当时县里官员的那一套做法。有一次，单位接待客人，赵健涛被领导要求全程陪同，但这显然与他的本职工作无关，因此不太情愿的他连一个笑脸都没给，几乎不说话。到了吃饭的时候，按照常理得好酒好菜招待助兴，他却没有准备酒水。领导反复催促，赵健涛才叫了酒水，勉勉强强地给来客敬酒。这种性格显然属于领导不喜欢的"工作态度"，赵健涛自感仕途无望，与同事相处得也不太融洽。

2015年，中央提出脱贫攻坚，贵州省作为贫困大省积极响应，很快省市县乡各级政府都成立了脱贫攻坚指挥部。德江是老贫困县，自然要搭上脱贫攻坚这班车，县委县政府不仅要求各个部门成立脱贫攻坚指挥部，一帮一挂点扶贫，还在县里成立脱贫攻坚总指挥部，从县里的各个职能部门抽调人手。脱贫攻坚中有一项重要任务是农村的基础设施建设和人居环境改造，也就是"五改一化一维"，具体来讲是改厕、改灶、改水、改圈、改电，以及庭院硬化、房屋维修。"五改一化一维"具有一定的专业性，县脱贫攻坚总指挥部要求住建局派一位懂专业的干部来负责此项工作。其实各个部门推荐的主要有两种人：一种是削尖了脑袋往上爬的，这种人想借此机会和县里的重要领导搭上关系，得到更好的发展机会；另一种是没有大用的"废材"，送过去滥竽充数，混日子的。2018年，住建局在权衡之后却推荐了第三种人，将赵健涛暂时借调到县脱贫攻坚总指挥部，赵健涛也乐得去踏踏实实做点有意义的事情。

得益于政策的支持、领导的关心关注，赵健涛争取来的资金让焕河村得到了一个极好的发展机会。在赵健涛的父亲赵开维的推动下，2017年，焕河传统村落保护发展协会成立。焕河传统村落保护发展协会不是官方组织，而是焕河赵氏家族自发成立的组织，主要参与者还是当年组织全寨子人修路通电的"能人"。当年的老能人们都已头发花白，年轻能人也都步入中年，事实上，这些中年人已经是最后一拨有着乡土感情的焕河人了，再年轻的几乎没有太多在焕河村生活的经历。焕河传统村落保护发展协会成立之时没有选举会长，最早只负责组织一年一度的焕河赵氏家族的聚会，避免焕河赵氏家族的后人数典忘祖，力求保住赵氏族人的那一丝乡愁。

2019年，政府又投入传统村落保护发展资金约50万元对部分木制房屋进行了修缮。过去几年的数次投入彻底改善了焕河村的基本硬件条件。2020年，焕河传统村落保护发展协会正式挂牌，并选举出第一任会长赵社会，把每年农历六月十九日定为"焕河传统村落保护发展日"，当天要举行一年一度的主题与"传统村落保护发展"相关的大型活动。同年赵社会外出打工，赵伟接任会长，9月，焕河传统村落保护发展协会报县级民政部门备案，成为官方认可的社会组织。

2021年4月，德江县乡村振兴驻村干部轮换，当时想做驻村人员需要满足三个条件：一是有正规编制，二是没有受过处分，三是年龄在五十岁以下。如果做驻村第一书记，那还得是党员。赵健涛看到了施展才华的机会。在县脱贫攻坚总指挥部通观全局，赵健涛知道这一轮扶贫攻坚国家投入了巨大的人力、物力、财力，不达目标，誓不放弃。前期投入资金后，焕河村的面貌已大为改观，后续的乡村振兴、乡村建设、乡村治理等工作会更需要专业人才，更加注重细节，是自己发挥专业才能的好时机，不如借机回去建设家乡，于是赵武涛果断请缨深入一线。2021年5月，赵健涛再次回到了养育他的家乡。

虽然焕河村的面貌焕然一新，但寨子里人气并不旺，"中国传统村落"和"乡村旅游示范村"的帽子逐步带来发展希望，但产业发展却因为劳动力的流失、地处大山深沟、土地贫瘠、发展思想滞后等趋于停滞，这些名号也没有带来什么游客。2018年，盐井村贵渝果蔬专业合作社租用了焕河村的土地种花椒，每亩地的租金是一年100元，一次性支付了5年的费用，算起来只能说是聊胜于无。在赵红军推动养黑羽乌骨鸡、卖绿壳鸡蛋的同时，焕河村还大规模种植大雅柑橘。这些产业上的变化将土地的使用从包产到户的零散形式转化为合作社的集体形式，依然保留了焕河村的原生态田园。

不过，转机常常悄然出现。张金秀奶奶在2017年从湖北和丈夫赵开仕一起返回焕河村长居，这为她与丁浪的偶遇以及焕河村的发展创造了机会。

第七章

短视频偶遇传统村落

张金秀奶奶家的房子、锅台屡屡在短视频中出镜，石阶、水井、木房、古树都成为焕河村的代表性景观，这些原汁原味的传统西南村庄景观，成为短视频中吸引粉丝的重要元素。但是能在2019年开始拍摄的短视频中呈现整洁、传统的西南乡村风光，离不开焕河村的"中国传统村落"称号。

　　冥冥之中皆有注定，有些人走着走着就相遇了。或许没有乍见之狂喜，却于平凡中惺惺相惜。生活就像被施了"盲盒"魔法，你永远不知道下一瞬间所遇为何。失去伙伴的丁浪为如何盘活营生而苦恼，种种经历让他明白，能有一两位志同道合的好友并齐心协力做好一件事十分难得，持之以恒地将事业进行下去更是不易。

达人培训

　　公众号带货算是丁浪电商业务的正式开端，但这项事业多数时候处于"三饥两饱"的状态。不少人的朋友圈早已微商遍地，公众号之间的竞争也是相当激烈，更糟糕的是私域流量很容易见顶，想要拓宽私域流量光靠努力似乎有点不够了，得看有没有机缘。实际上，公众号带货在2018年下半年走上了下坡路，不少人苦朋友圈带货久矣，看到有人在朋友圈带货，一律屏蔽。换言之，风口已过，那么新的风口在哪里成为丁浪最大的关注点。

不过从淘宝电商到公众号带货，丁浪在互联网这条路上摸爬滚打付出的努力不会白费。很快，短视频慢慢火起来，丁浪敏锐地感觉到，短视频火爆意味着有流量，有流量就意味着新的电商风口。当看到抖音上一条视频能获得一百多万个赞，丁浪心里暗暗惊叹，如果这些流量能导入电商，转化成销售量，就是妥妥的流量变现。机会总是留给有准备的人，抖音平台仿佛读懂了他的心思，不久后开启了抖音电商的内测，这使得丁浪无比兴奋，特意关注了抖音的"电商小助手"，时刻关注相关资讯。没多久他便接收到一条推荐视频，内容是抖音扶贫达人培训。这是字节跳动扶贫和头条学院联合发起的"扶贫达人训练营"，目的是通过一系列线上课程，帮助创作者在字节跳动各个平台上发布图文、视频等优质内容，展现乡村之美，用新的想法和玩法将乡村优质产品带进平台。平台会帮助"扶贫达人训练营"的优秀学员申请流量扶持、加V认证、开通店铺，帮助三农类创作者增加曝光度，增加卖货渠道。

　　刷到这一培训活动后，渴求机会的丁浪毫不犹豫地报了名，不仅在报名材料中详细列出之前自己在淘宝平台和微信公众号带货的相关资料，还因为担心不能被选中，将自己在家乡创业的事迹也详细地写成长文，发给抖音电商的后台。几天后，焦急等待的丁浪收到了抖音电商后台发来的消息，得偿所愿。在训练营的第一场预热活动中，负责人介绍了培训的主要内容、培训方式和课程设置，帮助参与训练营的学员互相认识，这时丁浪才发现，全国各地都有专注于农产品带货的年轻人，且数量不少。课程采用线上网课录播的形式，学员点击课程链接即可学习，看完培训视频后还需按要求上传作业。课程主要围绕抖音平台的相关机制、短视频制作技巧展开，例如第一节课介绍了抖音的"日活"概念、推送机制以及具体的拍摄和上传技巧（在什么时间点上传视频会获得更大的曝光量和播放量），这都是非常重要的后台知识。最有趣的是，早期具有商业性质的抖音视频主要用手机拍摄，手机拍摄技巧也成为培训的内容。培训过程中，丁浪表现得十分积极。几年的返乡创业经历让他深知这样的培训能够带来难得的机遇，因此每一个线上课程视频他都要看两次，并做细致的笔记，对短视频拍摄、创作、发布等基本知识以及抖音平台的运作模式都有了清晰的认识。训练营结束后，丁浪获得了抖音认证的扶贫达人称号，他的账号也获得了蓝V认证。

充分学习了短视频制作的一系列课程后，丁浪开始尝试乡村短视频的制作。他把之前运营其他电商账号时拍摄的视频剪辑成短视频，当作训练营的作业传到抖音平台，其中就有卖绿壳鸡蛋时拍下的老奶奶炒鸡蛋的视频，没料到这一条居然获得了一千多万的播放量。一千多万的播放量对丁浪来讲简直是个天文数字，公众号几个月的点击量加起来也没那么多，简直有点出道即巅峰的意思。这也让丁浪心中那个模糊的主题越来越清晰：拍摄乡村生活，将家乡的美景和人文宣传出去，同时吸引粉丝，获得流量。主题清晰了之后，丁浪带着设备，在村庄、山寨和养殖基地中穿梭，什么有意思就拍什么，田园风光、老人煮面条、梯地种洋芋……他像个采风的艺术家，记录零零碎碎的自然风貌与风土人情。

回到家，再将拍得的素材进行简单剪辑。视频剪辑一直是丁浪的弱项。以前公众号的视频是由更专业的小五来剪辑，现在只能赶鸭子上架，一边回看培训课程，一边搜索视频剪辑教程，慢慢掌握技巧。眼见着短视频拍摄和剪辑的技巧提升了，账号也坚持两天一更，可千万级别播放量的视频却再也没出现过，丁浪难受得开始怀疑人生：成功究竟是偶然，还是努力就可以获得？其实那会儿丁浪拍摄的短视频虽有一些奇思妙想，内容却不新颖，故事构架也不流畅，还有镜头失焦等问题，简而言之是起步遇到瓶颈。

　　丁浪不死心，在电商领域摸爬滚打了几年，他深知时代潮流易赶，但好的机遇可遇不可求，好不容易赶上了一个风口，得铆足了劲加油干，怎么能前功尽弃？于是找到了培训营的班长，请教如何才能提高播放量。班长指出随性拍摄和剪辑短视频存在主题不聚焦、人物场景不恒定、固粉能力弱等问题，自然难以获得稳定的流量增长，建议设计固定的IP和场景。

　　打造固定的IP和场景，这是丁浪从来没有想过的事情。他脑子里各种潜在的IP和场景像幻灯片一样一幕幕来回闪现。很明显，这是一场赌博，选对了，流量自然就来了，选错了，便是功亏一篑。

　　但是在拍摄短视频的初期尝试中，仅有的"出圈"短视频是老奶奶炒鸡蛋的视频，这不禁让他想起了之前做公众号时的选品之一——焕河村的绿壳鸡蛋，也想起了当时联系他推荐这个选品的焕河村人赵红军。丁浪毫不犹豫地拿起电话打给赵红军，说了想去焕河拍视频的想法。虽然两人的合作断断续续，却一直保持良好的关系，赵红军很爽快地答应帮忙安排。于是，丁浪再次来到焕河，他的视角不再局限于有什么特色农产品，而是寻找能够吸引人的IP和场景。

　　即便是同一个事物，换了角度之后也会有不同的观感，一排排古朴的木瓦房、茂密葱茏的古树群、被岁月磨平的石阶山道、清澈透亮的山泉水井，赵红军一边领着丁浪在村落里穿梭，一边介绍山水、古树、房子的历史和故事。这些之前被忽略的场景让丁浪觉得大可一试。第一次来的时候，他只感受到焕河的偏远和贫穷，并没有充分感受到这些美好的事物。丁浪旋即选定焕河作为新的起点，准备第二天带上设备驻村一周，把山寨的角角落落扫一边。转了一圈，回到赵红军家，忽然下了一场雷阵雨，贵州素有"天无三日晴，地无三尺平，人无三分银"的说法，跟焕河的实际情况真的很像。赵红军笑着对丁浪说："看来你这个事情要落实了。"当地方言把雨水将地面打湿叫作"落湿"，谐音"落实"，这倒是一个吉利的兆头。

丁浪带着相机、电脑等设备"入驻"了焕河，暂时寄居在赵红军家里。有了天然的布景，下一步就是找一个IP。那会儿抖音上最流行的是各色时尚的小姐姐，显然与焕河的格调不搭。焕河有风景、有故事，可是年轻人不是出去上学，便是出去打工，寨子上不要说年轻人，就连劳动能力强的中年人都不多见，这下丁浪又犯了愁。无可奈何之下，只能先四处拍摄房屋草木作为素材，路过水井时，看到张金秀奶奶正在洗菜，就随手拍了一段。现在丁浪回想起来，说一切都是天意。

"为什么选焕河村？就是因为那儿有山有水井。为什么选张奶奶？就是张奶奶家距离井非常近，正好碰到。当时真的是感觉如有神助，水井上面就有这样一个奶奶，都是机缘巧合。有时候真的是命运。"

当时的丁浪没有钱聘请年轻主播，身边也没有合适的人，事实上老奶奶人物形象的定位既是机缘巧合，也是无奈的选择。张金秀奶奶是寨子里的人，家就在水井上面，拍摄场景可以直接在家和水井之间自由切换，省了一笔场地费。更好的是，奶奶不仅不抗拒镜头，还很会做菜，对大山里的食材都能信手拈来，做出色香味俱全的菜品。就这样，戴一顶古朴的土家族帽子、笑起来很温柔、符合大家心目中慈祥奶奶形象的张金秀出现在短视频当中，成了丁浪的"雇员"。唯一的小"麻烦"是，张奶奶的丈夫赵开仕有顾虑，怕这个外村人来寨里是行骗的，好在赵开仕年轻时走南闯北，还曾参与三线建设，见过世面，慢慢接受了这个有想法的年轻人，有时候还会主动出镜。

  第一周的拍摄是漫无目的的，从一大早开始，奶奶干什么、做什么、吃什么，丁浪就拍什么，没有剧本，没有场景，没有情节。晚上回到赵红军家里，丁浪根据白天的素材剪辑，再上传到抖音平台上。因为不熟练，第一天都没有开麦，视频只能用配乐缓解无声的尴尬，这就是以张金秀奶奶为主角的第一条短视频，播放量相当惨淡。

  随着拍摄内容增多，丁浪不断去学习模仿爆款短视频的构图、视角、内容，终于制作出了又一个爆火的短视频。那是奶奶做南瓜花菜的视频，播放量达到100多万，点赞量达5.5万，这一下给丁浪带来了巨大的信心。接下来几个短视频都获得了比较好的播放量，"黔东农仓"账号的粉丝量一下子就涨上来了。最初，张奶奶还帮村委会做饭，每天十二点为村委会做完午饭后才回家，丁浪就只能拍早间情景，其余要等到张奶奶回家后再拍。随着粉丝量的增加，张奶奶成了专职的"主角"。说是专职，其实每天张奶奶的生活都是按部就班，和以前的生活节奏并无二致，大山里的生活虽然简单，可剪辑成30秒的视频，那就是无穷无尽的素材库了。丁浪每天沉浸在拍摄之中，一花一草，一房一人，都成为视频的素材，粉丝量的直线上升，让人欣喜若狂，这得来不易的机会一定要紧紧地把握住，不能有一丝的松懈。

  10月，即将迎来紫薯收获的季节，前两年运营公众号时结识的合作方又找来，请丁浪帮忙线上销售，丁浪终于等来了验证成果的机会。为了将紫薯悄无声息地融入视频，这一期拍的是奶奶蒸紫薯饭，视频发布后播放量达 2000 多万，后台紫薯订单纷至沓来。相对于公众号带货，第一次短视频带货的效果让丁浪十分惊喜，可是看着后台不断上涨的销售数据，他不由得转喜为忧：这么大的销量，货源能不能跟上是个大问题。丁浪赶紧给合作方打电话，得到了信誓旦旦的保证。可一条短视频带来的 5000 多单的销量还是远远超过了预期，毕竟还没到紫薯大面积成熟的时候，有了订单，却没有货，这种来得太突然的幸福，反而成为痛苦的烦恼。丁浪不得已放下手头所有的工作，亲自去寻找新货源，周边地区的紫薯还没有开始采收，只能高价组织农户现挖现卖。5000 多单凑齐发完，丁浪还是因发货晚于平台规定时间被罚了 2 万元。在这场悲喜交至的紫薯大战中，2019 年接近了尾声，想着 2020 年按照这个势头下去，这个账号的运营将走上光明大道，丁浪的心里是美滋滋的。

搭档

　　丁浪在确定将张金秀奶奶作为短视频的主角，并将焕河村作为短视频的主要场景后，取得了一些可喜的进展，比如紫薯的订单量大涨。天不遂人愿，突如其来的新冠肺炎疫情，打乱了丁浪的账号的发展节奏。由于各地严格防控疫情，焕河村有一段时间完全封闭了起来，任何外人非必要不得进入。丁浪没办法去焕河村拍摄新的视频，原先的素材很快用光，账号不得不断更。在快消费时代，断更意味着流量的消失，粉丝的关注点会转移到其他账号。时代不会等人，粉丝也不会等人。断更的"黔东农仓"账号，粉丝量唰唰地往下掉，这让丁浪无比痛心。那段时间，丁浪每一天都在忧虑中度过，这是他离成功最近的一次了，不能看着机会从眼前溜走。

忧虑的丁浪并没闲着，他在不断琢磨后面应该怎么做，才能真正抓住短视频带货的风口。现在来看，急需的是人手。一个火爆的短视频就能带来 5000 多个订单，一个人根本忙不过来，抖音上火起来的账号背后都有一个完整的运营团队支持。人多力量大的道理丁浪懂得，但自己这样刚刚起步、朝夕不保的小公司，又能请来谁呢？只能等着熬过疫情、过完年再说了，偏偏疫情和过年给丁浪送来了两个合作伙伴。

文学林原本在广东务工，回到德江以后就一直在县里的一家红薯粉条厂做运营总监，负责产品的市场拓展。丁浪还在用微信公众号带货的时候，二人就结识了。受到疫情的影响，本就不太景气的红薯粉条厂终于黄了，赋闲在家的文学林看到朋友圈里的一组九宫格美景，顺手拨了个电话过去："丁总，你拍的就是焕河村那边的风景吗？看起来很不错的样子，哪天也载我过去耍一耍呗。"

丁浪："那你准备好，疫情结束咱就走。"

男人之间的友谊就是这么简单直接。文学林第一次进入焕河村的时候就觉得应该和这里发生点什么。

"安逸哦，真的好喜欢这里。"文学林难掩激动地晃着丁浪的胳膊，似乎言语已无法表达此时的心情。

丁浪："你这样的话，等会儿看到我拍的那个景，岂不是要更兴奋？放松放松。"

两人下车，并肩从卡门走进寨子，路上碰到了几位年迈的老人。从疫情开始到现在，寨子几乎就没外人来过，所以老人们的神色是好奇的。

静寂的山谷中时不时传来鸟鸣、猪哼、牛哞、羊咩声，和着风声自成一曲。

"妃，我来了，您在洗啥呢？"丁浪冲张奶奶打招呼。

"洋芋、四季豆。"张奶奶回头的时候恰好与文学林好奇的目光撞在了一起。

"妃，这是我的兄弟，我今天带他一起来的。老文，这就是我说的那个地方，之前拍视频的时候是奶奶一直在帮助我。"

毫不意外，对这一切充满新鲜感的文学林围着丁浪和奶奶"忙活"了一天。

晚上回程途中，丁浪试探性地问道："怎么样，今天感觉？"

"我觉得我们可以正式深入地聊一下。我好像找到我想要做的事情了，我想试试，就看你给不给我这个机会了。"

"怎么地，你想干啥？"

"我想加入你，正好我之前就是做公司管理、运营的，咱俩可以分工合作，我觉得能成大事。"

丁浪没有立刻接话。之前他一直想找个靠谱的合作伙伴，虽然和文学林认识不久，但是他做事挺有劲，有手腕，有能力，平时聊天也能说到一起，气场相投，倒是可以试试。

文学林刚刚的话也不是无脑地脱口而出。他和丁浪一样，在广东打过工，回到家乡后多次创业，从做汽车美容到开甜品店，还在公司里主管过人事、运营工作，平时与人相处的过程中，会下意识地留心观察他人的行为作风。

两个人第一次打交道还是在电商园时期，红薯粉条厂找丁浪设计电商平台上的详情页。丁浪背着专业相机来到红薯粉条厂，看到工人们在有条不紊地工作，便随手拍照，记录可用的素材，不一会儿，背后走来一位高挑男子。"您好，我是我们工厂现在的运营总监文学林，您有什么需求的话，我们这边全力配合。"这是一位戴着全框眼镜，穿着白色衬衫、黑色西装裤的男士，看样子得有一米八。"您这边请，我带您去看一下我们厂的原材料……"

就这样，文学林和丁浪有了第一次接触，当天在文学林的详细介绍下，丁浪抓拍到很多足以还原红薯粉条生产过程的照片，可以作为吸引顾客的素材。丁浪的工作效率极高，两天后便把设计好的详情页发给了文学林。文学林看到详情页的时候非常吃惊，在德江这么安逸的地方，有这种效率的人着实罕见。随后，两人为了优化详情页线上线下谈了几次，很快敲定了最终方案。或许是气场相投，或许是"英雄"间的惺惺相惜，两人在合作过程中闲聊了很多人生话题，他们发现彼此都去广东打过工，都爱在樊登读书APP看书。由此，文学林对丁浪从惊讶演变成了一种赞赏。那天在邀请丁浪一起去焕河村的电话里，文学林就试探着询问有没有合作的可能。

"丁总，我最近觉得不太好。"

"怎么了，前段时间粉条不是卖得挺好，拿了不少提成吗？哈哈哈哈，你不会是想骗我酒喝吧？"

"嘿，想哪里去了。厂里本来效益就不太行，所以之前才找你做详情页，看看能不能死马当活马医，拯救一下。现在疫情来得那么突然，实体真的受到了很大冲击，我觉得我们厂可能快'死'了。"

"那你自己怎么想的？"

"我想辞职了，但是接下来干什么还没想好。"

"难搞哦。我最近也挺难的，我怕给你传递负能量，我就没讲。我不是老往焕河村那边跑吗？每天早上五六点就得出发，晚上回来就得九十点了。我在考虑要不要在那儿弄个点儿啥的。唉，好难，拍摄我可以，但是招人啥的我没什么经验，感觉不太好搞。"

这才有了两人的焕河村之行。

丁浪犹豫之间，车子已经开到了家门口。

"欸，这不是我家，怎么停了？就算刚刚唐突了，也不至于把人撂在半路吧？"文学林狐疑地想，还未张口，丁浪就热情地说："你不是说想加入我吗？走，来我家喝杯茶，咱细聊。"对于这两个人来说，幸福来得猝不及防，不知道为什么，丁浪觉得夜空中的星星更闪更亮了。

鉴于之前两个人对彼此颇有了解，他们索性开门见山地谈起合作细节。两人心照不宣地谈了分工之类的需要提前明确的问题，在一些重要问题上达成了一致。文学林就此结束了疫情防控期间在家摆烂的生活，思索着如何帮助丁浪开疆拓土、发展壮大……

成组

时间过得很快，一溜烟便到了年根，家家户户准备年货、围炉话谈，聊的内容无外乎七大姑八大姨、村里的大婶、村头的大爷、刚娶进门的媳妇的八卦消息，以及谁家赚了多少钱等。丁家最爱折腾的丁浪，毫无意外地成为家里人讨论的焦点。

"我听你姑说，你哥现在弄新媒体啥的，好像每天在拍视频，忙得不行。"

"对，那天我遇到丁浪妈了，我还问来着，说是现在这一行发展势头正猛，孩子干得正起劲呢！"

"一年能赚多少？"亲戚们七嘴八舌地讨论着。

"是快手吗，还是啥？"一个看起来体形瘦弱、戴着眼镜的男子出声问道。

"哎哟，突然讲话把我吓一大跳，好像是什么音吧，我也不了解。"戴着眼镜的男子戳了戳炉子里的木棍，小声说道："那是抖音。"其他人没在意，又嘻嘻哈哈地去聊其他八卦了。这位戴着眼镜的男子就是丁浪小时候的玩伴和同学丁伟。

丁伟大学毕业找了份会计的工作，平时比较轻松，闲的时候无聊得紧，月底忙几天，忙起来跟要了命似的。大额账目还好些，一旦遇到那种几毛几分的，薅着头发都不好理清。这种细碎的工作对于尚且年轻的丁伟来讲简直是种折磨，他想换一份工作，却没有什么头绪。平时不忙的时候，丁伟会用手机刷短视频，打发一下时间，这也是他能说出抖音的原因。

丁伟趁着晚上守岁的空当，凑到妈妈跟前。

"堂哥现在还缺人吗？我想跟着去看看。"

"你想干啥？"说到儿子的工作问题，丁妈的警惕心瞬间苏醒。

"我就是问问，关心一下我哥。"丁伟打算先稳定妈妈，毕竟这件事八字还没一撇呢,"再说了,我想去人家还不一定要我呢。"

丁妈瞅着儿子的脸来回扫视了一番,孩子老大不小了,想干什么自己也管不了。

"那你明天给他拜年的时候问问呗,我也不清楚。"

丁伟没有接话,心里想着明天跟丁浪怎么说这件事情。火苗在黑暗中跳动着,一闪一闪的火光勾得人心里有些小兴奋。

"哥,新年好,我是丁伟,给你拜个早年,祝你新的一年红红火火、生意兴隆、顺风顺水……"丁伟一大早起来便反复练习昨天夜里想好的拜年话,吃完早饭拨了个微信电话。丁浪看着这个比较陌生的微信头像,觉得奇怪:好久没联系了,发个微信不就好了,怎么还打电话嘞?果不其然,事出反常必有妖,丁伟说完花里胡哨的拜年话后,假装不经意地问了一下丁浪现在在做的事情,顺便表达了想加入试试的想法。"我这边目前还没开工呢,想先休息休息,年后再说。"丁浪悄无声息地转移了话题。丁伟还没问清楚情况,话题便给带偏了,以拜年为由头的对话草草结束。丁伟却铁了心似的,一天一个微信电话表达参与的决心。

也许是被丁伟一天一个电话的"问候"、表决心、谈想法给弄烦了,丁浪跟文学林吐槽:"你说,我又不好明着拒绝他,他咋就不懂呢,哪有和亲戚一起合伙干的?到时候分不清不得闹矛盾啥的,两家以后就没法相处了。"

"你别着急,咱们打算年后扩张的话,肯定得招人,现在一下子也找不到合适的,要不你先让他试试。实在不行,到时候你不拒绝他,他自己也会退出的。"

文学林的话给丁浪提了个醒,之前两人也讨论过招人的问题,这么一想，事情似乎变得简单。终于在大年初六，丁浪在微信里和丁伟讲："今天我要去焕河村那边，你不是要试试吗，我先带你去实地看看。"丁伟喜出望外，立刻答应了下来，忙不迭地跑到丁浪家来。

"我们公司现在需要一名会计，但是你可能还要在空闲的时间里学一下摄影、剪辑，你先趁着假期这两天试试，如果觉得应付不过来，你再和我讲。"

可没承想，丁伟压根儿没给自己留后路，他决心跳出舒适圈，挑战一下自我，丁浪同意带他去焕河村的第二天，他就在微信上把辞职信发给了公司人事主管，说明了情况，并表示之后再抽空去办理离职手续。

"'道不同不相为谋'，亦各从其志也。"有着相同志向、努力拼搏的人最终都会在顶峰相见。丁伟坐着堂哥的车，踏上了新的人生之旅。在去焕河村前，丁浪先绕道去接文学林。欲打开副驾驶室车门的文学林看到位子上有人，反手去拉后座的门，刚坐上去，就听见丁浪说道："这是我堂弟丁伟，之前跟你说过的，今天让他跟着一起去看一下。"初次见面的两个人寒暄一番后，文学林便自顾自地和丁浪聊起公司的事情，丁伟则靠在副驾驶座上安静地听着。或许正月里大家都闲了下来，丁浪说抖音上流量激增，一些账号的播放量和关注量大幅上涨。运营短视频账号的前景一片光明，但丁浪也没忘记给丁伟泼冷水："焕河村可能没有你想象的那么好，毕竟是村里，吃住环境比较艰苦，等会儿中午你就知道了，你得能坚持才行。"丁浪若有所指，毕竟在他眼中，现在年轻人一般都没有什么定性，恨不得一天换一份工作，对丁伟能坚持下来这件事，丁浪还没有充足的信心。

资金

三人驱车往返焕河村和县城的日子一直持续到开春，丁伟每天跑前忙后，毫无怨言。丁浪没想到他能坚持那么久，慢慢也就认可了丁伟，三人小组暂时固定了下来。这中间出现了两个小插曲。第一个小插曲是资金短缺问题。起步阶段筹措资金自然是困难的，丁浪、文学林和丁伟热情满满，却都拿不出很多资金。平时和老板打交道多的文学林提议去拉投资，出五万元就可以以合伙人的身份拿股份。尝试了之后，文学林发现本地的老板对短视频带货的模式并不认可，没有人愿意投资。丁浪倒是没把资金的事情太放在心上，因为一路走来，他一直在贴钱运作，"没有关系，等我们干大了，他们自然会投资，刚开始可能就是会难点"。

"嗯，刚开始确实（难）。这样吧，咱们都不拿工资，先干一年，看看再说，我就不信了。"文学林掷地有声地说道。

"我们就试一年，如果'死'了也就'死'了，大家都不要有怨言。这个机会很难得，反正我们有一个机会，就赚一个机会，如果'活'了，那皆大欢喜。"丁伟也附和道。

如此一来，在模糊的股权架构下，一分工资都没有的三个人达成了一致。不过，这也为后来丁浪团队引入投资、确定股权结构打下了地基。

第二个小插曲是团队意外获得了政府部门的支持。没想到团队流动资金短缺这个迫在眉睫的问题，在政府部门的帮助下，得到了缓解。为深入推进脱贫攻坚东西部扶贫协作战略，充分利用对口帮扶城市资源，拓宽德江农特产品销售渠道，县工贸局决定找一家本地电商企业负责对全县农产品进行采购，再集中对接对口城市的政府部门和相关企业。当年和丁浪一起入驻电商园的创业者大多放弃了电商项目，因此选来选去，丁浪的义派电商成为对接企业之一，负责农产品货源收购、打包发货等工作。这样一来，不但县里东西部协作帮扶任务顺利完成，而且丁浪团队在运营初期也有了稳定的收入来源，解决了流动资金短缺的问题。经过这一系列合作，丁浪团队和政府部门的沟通、协作更加顺畅，日后，政府部门大力支持的"黔货出山"再也少不了丁浪的身影。

入驻焕河村

选定焕河村作为短视频拍摄的固定场景后，丁浪寻思着天天往返，累不说，还多花汽油钱，浪费时间，不如在村里租一套房子，兼做宿舍和工作室。在村里拍摄时，丁浪结识了赵健涛。赵健涛是焕河村本村人，曾在县住建局工作，属于村中能人，在村内有些威望，很多事情不一定做得了主，却插得上话。见这个小伙子整日扛着设备在村里东拍西拍，赵健涛虽然不懂短视频、电商，却也很感兴趣。在聊天过程中，赵健涛了解到丁浪的想法，觉得或许丁浪的做法真的能为村寨的发展做出贡献。丁浪也感受到了赵健涛回乡帮助家乡发展的愿望，二人相谈甚欢。在赵健涛的帮助下，丁浪电话联系上一座闲置房屋的房主，双方在村中商量好租金和租用年限后当场签了租房协议，丁浪团队顺利地在寨子里租下了这座闲置了许久的木制老房子。房子有一间主屋、两间耳房，主屋作为日常办公的场所，两间耳房计划改造成男女宿舍。接下来就是翻修工作了。

翻修要修旧如旧。正式动工之前，丁浪和文学林在网上搜集了很多木制老屋的翻修成果图，也参观了焕河村一些农户的家，还请了一个十里八村有名的水电工给老房子改水电，力图在保持原貌的基础上能够与众不同一些。水电工可谓"全能艺人"，改好水电之后，又在两侧耳房分别搭建了上下铺，一共是 6 个床位。

丁浪三人也没闲着，拿起打磨机给屋子"去死皮"，干起来有模有样。打磨过的木头褪去表面的黑色霉渍以及因潮湿而冒出来的小蘑菇，看起来光滑无比。然而意外还是发生了。一声惊叫打断了丁浪和丁伟的工作，两人回头一看，差点脚软倒地——幸好扶住了旁边的门框。此时的文学林一手举着停下来的打磨机，一手撕着沾满鲜血的衣服，原来衣服卷进打磨机，打磨机割伤了小肚子，小肚子上的血沿着衣角滴落到地上。丁浪带着颤音让丁伟去喊人来帮忙，然后从张金秀奶奶家找了块干净的布，不管三七二十一，紧紧地勒住创口，随后便开车拉着文学林去县医院。

"小林子，你挺住，我尽量开快点，要是有什么不舒服的你就说，我我我……你别睡哈！"一定是没少看战争片，丁浪紧张地模仿电影里的说辞，弄得文学林哭笑不得，"没事，你稳当地开"。虽然说得镇定，但文学林也是吓了个半死，毕竟有点要开膛破肚的感觉。

"医生，真的不用住几天院吗？他刚才流了好多血。"丁浪围着急诊科医生问道。

"不用，你们来之前处理得挺好的，现在就是重新消毒再包扎一遍，最近不要干什么重活，隔两天来换一次药，10 天左右就差不多了。"处理完创口的医生表现得很淡定,头都没回。

闻言,丁浪扭头就对着文学林说:"我现在送你回家,你好好休息,那边就交给我和丁伟。你也别担心,我随时和你说我们的进展。"文学林见状也不好再说些什么,暗自庆幸,创口要是再深点,就真的是开膛破肚、"出师未捷身先死"了,现在还是老老实实回家休息,压压惊再说。

送完文学林,丁浪想着这会儿回去就赶上饭点了,早上走得急,没来得及买饭,于是返程途中买了一斤绿豆粉,十几个拳头大小的白面馒头,以及一瓶老干妈,想着咸菜还有便没有买。回去便看到留守的丁伟正干得起劲。"他咋样了,没事吧?也不敢给你们打电话。"丁伟看见堂哥回来,赶忙问道。"没什么大事,但也不是小伤,让他回家歇着了。剩下的估计得靠咱们了,不过也没关系,可能就是时间久一点。不说了,我去把绿豆粉煮了,等会儿吃饭,吃完饭再干。"丁伟抖了抖酸痛的肩膀,跟着去了厨房。

文学林终究是闲不下来,没过三天,便跑去村里,看到其他人蒙掉的表情,无奈地解释道:"我实在躺不住,而且我觉得也没那么严重。我也想出点力,我就待着看看,能干点轻的活就干,不能干我也不添乱。"那能有什么办法呢?资金不算充裕,这种"小活"只能亲力亲为了。面对倔强且坚强的合伙人,丁浪无奈只能同意,"事先说好了哈,打磨机你也别碰了,重活也不需要你干,你要是实在想干,就把屋里之前的老物件擦擦摆出"。文学林打出"OK"的手势,表示自己可以胜任,大家便继续分头亲手改造未来的"工作室"。

兄弟齐心,其利断金,在团队的共同努力下,经过一个多月起早贪黑的打磨,房子已然焕然一新。把门窗全部打开,山里草木的清香充盈屋子的每一个角落,打磨过的木头也处处流露出生机。

  工作室装修结束,意味着工作要全面展开,短视频拍摄地点越来越多地集中在张奶奶的厨房。丁浪取景拍摄的时候,丁伟跟在后面学习。丁浪剪辑的时候,也会把素材给丁伟一份,让他上手练习。文学林担负起了联络货源、精心选品的工作。三个男人"无'薪'插柳"的创业之旅正式启航了。

第八章

焕河"网红村"

自从丁浪带着他的自媒体团队进驻焕河，本地村民饭后唠嗑的焦点由邻里之争、田间收获、坊间趣事转为今天来村旅游的人多不多，都去了何处。而引起这一转变的人物正是孩子们口中的娘娘、村民口中的乐乐。外面的人在乐乐的带领下跟随镜头感受焕河之美，亦愿意亲身体验一番，在大众的追捧下，乐乐已然成为焕河村响当当的招牌！

    美丽的原生态田园风光，"乡愁"带来的眷念情感，让"黔东农仓"的短视频拥有了一群"死忠粉"，一些人开始"蹲更"，评论区有不少留言包含了"第一""第一排"之类的文字。关注张金秀奶奶的忠实粉丝都知道，"黔东农仓"里的老奶奶有花白的头发、布满细纹的脸颊、略微佝偻的身影，还有让人垂涎欲滴的做菜手艺。不少粉丝心疼张奶奶，好心私信或留言，嘱咐团队要照顾好老人家，不要让奶奶做太多农活，过于劳累。一些粉丝关心张奶奶日常生活的方方面面，想看到洗菜做饭之外的生活场景。还有一些粉丝好奇张奶奶的家人是什么样，提议家里人出镜混个脸熟，短视频里出现的每一个年轻人都会被误认为张奶奶的孙女或是孙子。粉丝的关心给丁浪带来不小的压力，从素材角度来讲，"黔东农仓"短视频的内容无非人、事、景，事和景想要有突破，必须把人的问题先解决好，否则只能周而复始地人事景，不可避免地带来审美疲劳，这也让之前被耽搁的寻找副主播的计划成为一项紧迫的任务。不久，靠张奶奶一个人撑起来的"黔东农仓"的短视频里多了一个"孙女"——乐乐。与张奶奶恬静淡定的性子相反，乐乐爱笑，笑容时刻挂在脸上，一笑起来露出八颗洁白的牙齿，一米六五左右的个子，身板时刻挺得笔直，扎着低马尾，身着带有传统元素的服饰，看起来乡土味儿十足。

新主播

乐乐是丁浪的主要合作伙伴文学林为"黔东农仓"挑选的新晋副主播。乐乐自身有几点优势。第一，她从小在农村长大，熟悉农村的生活，干农活、做事情自然不在话下，不娇气，在焕河村的环境中能够长期扎下来。第二，乐乐天生带着一种亲和力，笑容真诚亲切，让人没有距离感。第三，她面对镜头不怯场，动作自然，落落大方。第四，受到疫情影响，她原来做的那份工作没法开工，她正好赋闲在家，每月除了 2000 块钱的基本工资外，没有其他收入，肯定有参与的动力。在文学林"三顾茅庐"后，乐乐终于松口答应跟文学林到焕河村看一看。

在去焕河村的路上，乐乐心里想着，怎么说呢，沿途的风景很美，放在贵州却没什么特别之处，山是山，水是水，墨绿的乌江……有一种莫名的亲切感涌上心头。恍惚间，文学林已经把车停在了焕河卡门处，乐乐看了眼手机上的时间：十点半。她暗想道，一个半小时的车程，每天往返有点累，但也是可以接受的。焕河寨子里老人们坐在长廊里闲聊着，小孩子们三两结伴嬉笑打闹，一股清凉的风迎面吹来，仿佛能吹散人间的烦恼，这里是距离县城最远的贫困村之一，人们却总是乐呵呵的，似乎贫困给他们带来的是更为乐观的性格。沿着长廊走到头，一抬头看见"黔东农仓"短视频里的那口水井。无巧不成书，张奶奶恰巧在那里洗菜。在前面领路的文学林扭头说：

"刚刚那位奶奶是我们现在拍摄的主要人物，每天拍一些奶奶做饭干农活的视频。你要来了，视频就是你和奶奶一起喽！很多粉丝朋友除了喜欢我们的景外，就是冲着奶奶才关注的。往这边走，是咱们的厨房，奶奶平时在这里做饭，那边是宿舍……"

走入工作室，文学林又把团队成员挨个介绍了一遍，讲述了拍摄的流程和工序。紧接着丁伟跑来喊人去张金秀奶奶家吃饭。张金秀奶奶的手艺是真的地道，乐乐也是赞不绝口。在吃饭聊天的过程中，她发现张奶奶也是一个走南闯北、见过世面、通晓事理的人，并不是一无所知的老太太，将来合作起来应当会比较顺畅。

在这个阳光明媚的下午，一些事情悄然有了定数，乐乐伸出手，让透过古树茂密树叶的斑斓阳光落在手心，不知道这是不是一份能够抓到的希望。

古村乐乐

正式加入团队后，"黔东农仓"的短视频里出现了一老一少两个角色，有农村生活经验的乐乐上手很快，镜头感非常自然，可以说几乎是无缝对接。而且，她活干得有模有样，还为短视频拓展了不少生活场景，张奶奶干不了的重活，如扛柴，也都成为短视频里的"新"内容。乐乐有一股不待扬鞭自奋蹄的干劲，主动参与到短视频创作的整个流程，有时候看到视频拍摄效果不好，还会要求重拍，敬业精神也是没的说。

之前"黔东农仓"账号的粉丝量已经出现遇到瓶颈的苗头，粉丝的增长速度不太明显，有点流量见顶的感觉。为了突破瓶颈，团队增加了短视频更新的频率，创新了一些内容和场景，都没有取得预期效果。归结原因还是喜欢原生态田园、带有乡愁的用户群体规模有限，而类似场景的短视频账号蜂拥而出，分流了不少粉丝的注意力。引入乐乐作为副主播，也是突破瓶颈的一种尝试，丁浪和文学林对此预期颇高。实话实说，乐乐加盟之后确实有一些效果，新面孔的出现让粉丝有了不一样的新鲜感，粉丝的赞美络绎不绝，涨了不少新粉。问题出在一老一少两个角色的短视频创意设计上，团队几乎没有经验，乐乐活泼、爱动，在短视频里总是说个不停，本来是一件好事，却与张奶奶沉默寡言的风格有点不搭，评论区也出现了一些有些刺眼的负面评论。

"这女生也太吵了，喜欢奶奶以前安安静静的风格。"

"以前安安静静地做饭挺好。"

"突然发现这个姐姐问题好多。"

"这女的看得我好尴尬。"

出现负面评论导致的脱粉是团队始料未及的，有点顾此失彼的感觉。丁浪对乐乐的敬业精神和专业能力赞不绝口，但部分粉丝的负面评价也让他重新思考了"黔东农仓"的定位和发展方向。"黔东农仓"运营团队的实力与大型MCN机构和媒体运营团队难以匹敌，如果不改变风格，突破瓶颈实现质变只能是南柯一梦；如果改变风格，"黔东农仓"前期运营成果和积累的粉丝可能会付之东流。进退维谷之间，丁浪突然想到既然在实体经营中可以注册多家公司，那么为什么不能运营多个抖音账号？不同账号可以打造不同风格，吸引不同类型的粉丝，相互之间还可以引流，实现1+1>2的效果。想到这里，丁浪和文学林、乐乐商量，从目前情况来看，指望增加一个副主播突破瓶颈的想法有一些困难，不如以乐乐为主播再开设一个账号，多点开花，避免在一棵树上吊死，他还给这种思路取了一个很时髦的名字——矩阵式发展。

其实乐乐这几天心里也不好受，看到"黔东农仓"粉丝的负面评论，再想想以前光鲜亮丽、人见人夸的情景，倍感委屈，正在犹豫要不要继续坚持下去。丁浪和文学林找来的时候，乐乐有了一些不太好的心理准备，却没想到丁浪开诚布公地讲了开设新账号的想法：

"如果公司给你一个新的账号，所有的一切都需要你自己去把握，你觉得自己可以吗？"

乐乐愣了愣神，这有点不按套路出牌啊，相当于公司给资源、扶植自己吗？何乐而不为？"做菜什么的肯定没有问题，像挑水这种力气活，我可能还需要再练练，直播的话也在不断学习……但是只要给我时间，我觉得我有能力做出拥有千万粉丝的大号。"乐乐充满信心地回答。

"这个账号就以乐乐的名字命名好了，'古村乐乐'，一方面体现了主播所在的传统村落，另一方面还把乐乐的名字加上，像个个人号，对粉丝比较友好。"

丁浪连名字都想好了，文学林自然也无异议。三个人初步拟定了工作计划：准备注册账号"古村乐乐"，乐乐继续跟着张金秀奶奶拍摄，两个账号同步运营一段时间，将"黔东农仓"里喜欢乐乐的粉丝逐步引流到"古村乐乐"，争取一个月之后，"古村乐乐"账号正式独立运营。在一起商量"古村乐乐"的内容创意如何定位之后,以乐乐为主播的账号开始运营,同时把直播带货的事情也提上了日程,毕竟流量变现是团队追求的目标,也是支持账号持续运营的收入来源。

话说公司创建新账号之后,乐乐在高兴之余可没少对自己下狠心。她的目标非常明确,希望可以做到乡愁类主播的顶流位置,成为一个拥有千万粉丝的大网红。理想是丰满的,现实却很骨感,哪来那么多顺顺当当的好事?唯有脚踏实地。乐乐在"黔东农仓"的短视频里干活更加卖力了。张奶奶在一旁语笑嫣然、岁月静好,"宠溺地"看着"孙女"忙前忙后,

"奶,你放在那,太重了,你别弄,我来。"看见奶奶要去提水,乐乐立刻放下正在擦拭的碗筷,起身挑起水桶,给奶奶递过去一个神气的眼神,似在说,我厉害吧?在看似轻松的景象之下,衣服遮盖的肩膀处早已布满淤青,有深有浅,转头再去看乐乐的表情,倒是一片轻松写意。

"你少挑一点够用的就行,现在也不是拍视频,不用那么较真。"

"奶,我知道您心疼我,可是之后拍视频的时候万一需要这个镜头,挑不起来会耽误事儿的,不用担心,我还年轻,适应几天就好了。"说着,乐乐用扁担挑回两个装满水的水桶。今天乐乐编了两个麻花辫,看起来十分年轻,把水放好之后,她转身和奶奶去后山刨一些洋芋,留到晚上炸了当夜宵吃。没有摄影机跟着的乐乐和奶奶十分悠闲自在,一人背着背篓,一人拿着两把锄头,肩并肩挎着胳膊踏着阴凉便出发了。

"你先轻轻地挖一挖土,然后再用手把多余的土撇开,要是直接一锄头下去的话,容易把洋芋砍坏。"张奶奶一边操作,一边告诉乐

乐具体要怎么做。乐乐不愧是干活的一把好手，学得有模有样，好似从来没有离开过农村一样，娴熟地把刨出来的洋芋扔进背篼。乐乐深知，如果想要做到李子柒一样的顶流，生活的真实、手艺的好坏都是至关重要的。挖完洋芋，乐乐想着晚饭安排凉拌蕨根粉、锅巴饭，再来个红薯粉条炖肉，请张奶奶好好指导一下，"妃，今晚让你尝一下我的手艺，看看有没有长进"。

"哈哈哈哈哈哈，好。"

晚上，在锅台旁，张奶奶当起了指挥，"先把葱花、姜、蒜切好，花椒、辣椒、调味料都摆好。蕨根粉也泡出来"。

乐乐在奶奶的指挥下从最初的"如临大敌"到"应对自如"，从容准备好一切，等锅里油烧热，"欻啦"一声，香味四溢。丁伟嗅着味儿从门缝里冒出头来，乐乐见了笑着说："哈哈，闻着味了哈，等一下就好了，到时候边吃边开个直播吧。"丁伟比了个OK的手势后，利索地摆出碗筷以及直播用的支架，一副蓄势待发的样子。

"大家晚上好，欢迎来到直播间。大家都吃完饭了没有？"

一句暖心的开场白，直播开始了……奶奶坐在一旁认真地吃饭，时不时看一下屏幕，乐乐在一旁卖力地讲解产品。今天的主打产品是蕨根粉，"今天晚上做了两道菜，就我和奶奶两个人吃，所以不能浪费食物。这个蕨根粉凉拌特别好吃，做法也非常简单，家人们可以点小黄车直接下单"。

"现在买两件的话，还有优惠，再过一段时间天气就热起来了，做凉拌菜也刚好合适……"乐乐边讲产品边吃饭，原生态田园风秒变吃播风格。评论区里热闹极了。

"已经拍下一单了。"

古村乐乐

"确实好吃,今晚又买了两袋。"

"乐乐好漂亮。"

"乐乐快吃饭。"

"奶奶怎么不讲话?"

"谢谢夸我漂亮,好开心","产品都是原生态"……乐乐与粉丝也持续互动着。

一个月之后,"黔东农仓"和"古村乐乐"分开独立运营,"古村乐乐"账号短视频里面的人物从一双被岁月洗皱了的手变成一双年轻的手,迟缓的慢动作变成了敏捷干练、娴熟的操作,布满年轮的慈祥脸颊也变成了一张胶原蛋白满满的少女脸。奶奶的形象加上舒缓的音乐给粉丝一种世外桃源的安逸感,乐乐年轻有活力的形象则给人一种万物复苏、生机勃勃的感觉。

除了人物之外,短视频的创意也有所拓展。一般而言,短视频的前半段会剪辑一些乐乐干农活的视频,意在向粉丝展示一下原材料的由来。贵州大山里的物产种类相当丰富,食材是信手拈来,有的是从土里挖的,有的是从树上摘的,有的是赶场买的,有的是邻居给的,还有自制的豆腐、腊肉,等等。视频的后半段场景大多是厨房,柔和的灯光打到乐乐的脸上、手上、身上,特写镜头跟上,人和食材自然融合在了一起,一个个不规则的洋芋、不服"管教"的洋葱、泛着油光的腊肉在乐乐的操作下,"哒哒哒"干净利落地被切成丝、条、块,整齐摆放在碗碟中。通常炉火是丁伟事先帮忙准备,忙起来的时候需要乐乐自己弄。起锅烧油,等到油冒烟的时候,把备好的菜倒进去,夹着蹦起的火星,一道道美食呈现在粉丝面前。

"古村乐乐"的设计创意也有意识地突出乐乐的性格。

"娘娘，刚捡完草回来呦。"短视频中被乐乐喊作娘娘的人，家就在工作室的后面，经常能在工作室门前的石板道上看到娘娘背着背篓、满载而归的身影。这种不经意的招呼、对话，让人倍感亲切，传递出邻里和谐融洽的氛围。就这样，一位擅长烹饪、温柔贴心、踏实能干的农村姑娘形象展现在"古村乐乐"里，这个姑娘或是蹲在井口下面洗菜、刷鞋，或是在厨房里面做菜，或是去地里干农活，或是和村民打招呼聊天。

由于前期"黔东农仓"的引流，以及此前积累了不少路人缘，有良好表现力的乐乐让"古村乐乐"账号噌噌地涨粉，每个短视频的点赞量均超过一万，在很短的时间内接近了"黔东农仓"的水平。乐乐可谓是倾尽全力，为了确保两天一更，每天白天都要拍摄不少短视频的素材。到了晚上，马不停蹄地开直播带货，还抽空在后台和粉丝互动。

新角色

看着突飞猛进的粉丝量，团队里的每一个人都喜不自胜，可是瓶颈又不期而至了。在粉丝量超过"黔东农仓"之后，"古村乐乐"的粉丝增长突然陷于停滞，有时候还连续几天掉粉。面对突如其来的瓶颈，大家都有些手足无措，每天负责拍摄的丁伟，看着乐乐日渐憔悴，在镜头前还努力把最好的一面带给粉丝，只能尽力做好自己的工作，努力精进拍摄创意和后期剪辑技术。种种努力不见成效，乐乐最是着急,本来形势大好,怎么突然卡住了呢?她找了个空闲时间跑去和丁浪、文学林商量。

"我觉得自己努力去做了,什么我都力求做到最好,不知道为什么粉丝涨不上去,我有点焦虑啊!"乐乐有点沮丧地说。

"你不要这么想嘛,不要有压力,我们最近也看到了视频的流量不是特别美观,也在想办法。"文学林不愧是社交达人,他知道必须先稳住乐乐——好不容易请来的主播,不能让她轻易放弃。

"你放心,对于你这个账号的发展,公司现在是有什么资源都会给到你这边,你就按照自己的想法搞就行。"丁浪有针对性地安抚了一下乐乐,但是现实是乐乐的账号刚刚在抖音平台上做起来,基于各种机制和规则,小公司运营的主播想要有所突破,要使不少劲儿。

乐乐其实心里也不愿意放弃,可是"古村乐乐"账号的粉丝量如果停滞不前,自己所做的一切就没有意义,而且团队在"古村乐乐"账号上的所有投入都相当于打了水漂。

"这样吧,文总、丁总,你们再给我一个月的时间,如果再没什么起色,就算是你们不说,我也会自己收拾收拾离开的……"

文学林和丁浪无奈地对视一眼,乐乐既然已经这么说了,再争执也没有什么意义,到时候实在不行,再想办法换人。

未雨绸缪、多招些人充实团队是有益无害的,丁浪和文学林再次着手招人。"德江在线"是德江人大都会关注的网站,里面发布着德江大大小小的事,这一天丁浪的招募信息也赫然在列:"贵州义派电子商务有限公司位于贵州省铜仁市德江县,是一家以新媒体运营为主的企业,公司有成熟的运营团队和完善的供应链体系,公司目前有两个短视频项目:古村乐乐、黔东农仓。因公司发展需要,招聘以下岗位……"来投简历的少男少女真不少,可是,符合文学林要求的真不多,来面试的都是想着当网红一夜暴富的,能够踏踏实实在焕河吃苦受累的几乎没有。文学林在选人试镜时十分谨慎,毕竟一荣俱荣,一损俱损,公司的投入如不能带来流量,非黄了不可。

这一天,丁浪突然给文学林来了一个电话:"我亲戚家一个小孩刚毕业,还没有工作,想去村里锻炼锻炼,你看看小孩形象行不行?可以的话给安排一下。""成吧,反正现在也找不到什么合适的人,只能死马当活马医了。"就这样,一个大学刚毕业的男生被"拐"进了焕河寨子里。

"你舅舅和你讲寨子里什么情况了吗?"开着车的文学林从后视镜里扫视着穿着运动服的男孩。男孩的脸庞还很稚嫩,一看就没有经历过社会打磨,在黝黑皮肤的衬托下,笑起来露出的牙齿仿佛更白更闪了,他虎头虎脑,样子憨憨的。

"简单地说了一下,他说我待几天就清楚了。"涛涛"嘿嘿"憨笑,文学林见状也不再多说,看来谁也不知道这孩子能撑几天。进了焕河寨子里,文学林交代道:"你这几天就跟着这个漂亮的娘娘,给她帮个忙。"转头又找到丁伟,"那个小男孩你看看上不上镜,有没有镜头感,让他试试"。丁伟盯着电脑都没抬头,心里寻思着,乐乐和自己辛辛苦苦、绞尽脑汁都不行,扔过来个初出茅庐的小男孩能解决问题?随后应了一句,"好的,我来安排"。看着丁伟漫不经心的样子,文学林暗自摇了摇头,必须加快招人的速度,要不然"古村乐乐"账号可能就要断更了,等会儿还得让人在朋友圈多转一下招聘信息。憨憨的涛涛留了下来,毫无经验、本不被任何人看好的他却盘活了团队。

"古村乐乐"的拍摄内容是摄像师丁伟以及主播乐乐一起商讨决定的，对于这个新来的人，乐乐不知该欣喜还是该担忧，只能祈祷他能给视频带来一些改变。

　　有时候，努力之后，运气会不期而至。

　　拍摄乐乐做事时，涛涛在一旁帮忙打杂，只是在吃饭的时候露个脸。没有丰富的生活阅历，他更像愣头青一样，不会在意外界怎么看他，在镜头里显得真实且憨厚。"涛涛，吃饭啦！"乐乐端着菜从厨房走来，催促着男孩。男孩也不含糊，拿上碗筷就上桌。"娘娘，你弄的这个还怪好吃咧，之前没吃过这种做法。"涛涛认真地说道。谁听了好听的话不开心呀，乐乐的疲惫感瞬间消散。无心插柳的效果特别好，丁伟在剪辑的时候给最后一段加上了个特别的音效，搞笑之余又符合当时的气氛。谁也没想到，这样一个无心之举，既受到了老粉的喜爱，又引起了新粉的关注！"古村乐乐"账号的粉丝量居然又开始增长了。

　　为了检验到底是不是涛涛入镜的原因，乐乐和丁伟又拉着涛涛拍了一些素材，把"古村乐乐"短视频更新的频率从两天一更提高为一天一更。一系列组合拳下来，粉丝量果然是蒸蒸日上，乐乐暗自窃喜，"起死回生了，有希望"。

　　在接下来的日子里，乐乐、丁伟、涛涛三个人一起拍视频素材、搞直播带货。三人分工明确，乐乐和丁伟的角色没什么变化，涛涛承担起短视频里"干饭人"的角色，直播时当气氛组，乐乐讲解完产品，涛涛就大喊一声"买它"。就这样，"古村乐乐"从一个差点断送的账号，又奇迹般地活了过来。粉丝量吃个饭的工夫涨几百，睡一觉，第二天起来涨几千都毫不夸张。涛涛进组的第一周，三个人每天还聚在一起,看看涨了多少粉,播放量是多少,过了一周,居然对涨粉这件事习以为常、见怪不怪了。

丁浪旗下的短视频账号粉丝量不断增长,这些关注也给焕河村带来了外面的气息。据《贵州日报》报道,自从焕河村变成网红村以后,远道而来的游客络绎不绝。据说寨子里的人起初并不适应那么多远道而来的游客,甚至有些排斥,他们抱怨游客打乱了原本宁静惬意的生活节奏。村委会适时出面和大家解释了短视频对寨子发展做出的贡献,以及未来合作前景,才慢慢改变了焕河人对外人的排斥态度,所谓"扶贫先扶智"或许更多的是观念的改变。渐渐地,长廊上有了卖凉面、米线、斑鸠豆腐、苞谷斗酒的摊位。

每天都有慕名而来的粉丝想要一睹村庄风采,亲眼看看网红主播,尝尝焕河风味。生意好的时候,每天长廊摆摊总销售额能有5000余元。"以前我们的红薯、花生要肩挑背扛到县城里卖,如今在水井旁边就卖掉了。"有一位八十五岁的老爷爷,曾经十分反对游客进寨子,现在也在长廊里卖起了农产品。知情人说:"过去村里人均年收入只有四五千块钱,现在我们寨子里做小生意的人每天收入都有几百块,去除成本一年也能挣一两万,翻了几倍。"在长廊卖小吃的张阿姨也说:"自己从没想到能在家门口创业。早些年不通路的时候,为了买两袋盐巴,要花两三个小时翻过大山才能到集镇。通村路修好后,年轻人纷纷外出打工,我也去撒广,三年前腰伤了,打工也没老板肯收了。"现在,张阿姨摆摊卖起了土家族美食"豆腐汤圆",暑假高峰期虽然已经过去,但每天仍能有百元收入。

在"长廊经济"的辐射带动下,寨子里的年轻人也看到商机,回来开起了小卖部（便利店）和农家乐。景观长廊的北面有一个观景亭，原来看起来孤零零的。现在，有游客的时候，观景亭会变成热闹非凡的"售货亭"，有的村民会拉着一车柚子，打开汽车后备厢的门，在亭子里坐着，气定神闲地等待买家的到来，山里的东西特别受欢迎，应该是不愁卖的。亭子三面极目远眺满目皆绿，往前就可以看到视频中经常出现的网红井。

第九章

从焕河到大寨

追赶

"黔东农仓"和"古村乐乐"两个抖音短视频账号的运营均进入正轨，流量变现也逐渐成形，矩阵式发展策略让团队终于收获短视频爆发带来的红利，丁浪在德江也是声名鹊起，县里的领导、乡里的干部都知道有这么一号人物，德江县城里不少人也关注了"黔东农仓"和"古村乐乐"这两个账号，名声甚至传到了省城贵阳。2021年贵州省文旅厅厅长谢念率队来德江开展"七一"走访慰问并调研文化旅游工作，首先去的就是焕河，丁浪现场做了工作汇报，这更让德江的干部们刮目相看，也被人给"惦记"上了。

这不，沙溪乡的党委书记全太刚就盯上了丁浪这块"肥肉"。全太刚毕业于铜仁师范高等专科学校，当了9年的中学老师。2007年德江县提出通过"挂职"送人才，"帮扶"谋发展，"靠拢"强堡垒，送智出力奔小康，选派了一批专业技术人才和知识分子到乡镇一级挂职，享受副科级待遇。全太刚作为专业技术人才被组织部门选拔上了，不过他是体育专业的，专业技能到了乡镇用处还真的不大，好在他能吃苦、肯干事，挂职结束之后，凭着优异的表现留了下来，当上了乡党委委员、政法委书记。2015年被调到共和镇担任镇长，2021年才新调任沙溪乡党委书记，丁浪在焕河的一步步发展是在全太刚眼皮子底下发生的事情，让他印象深刻。

沙溪乡全名"沙溪土家族乡",全太刚一来就对全乡的14个村进行了摸底调研,发现同样入选中国传统村落的大寨与焕河之间的差距着实不小。与焕河火出德江相比,大寨真是寂寂无闻,便给村干部介绍了丁浪在焕河拍摄短视频,打造"黔东农仓"和"古村乐乐"账号,带火焕河的事迹,并拍着胸脯保证可以帮忙联系,说着就给丁浪打电话,邀请他来大寨参观考察,并在电话里一直反复叮嘱:一定要来,大寨的特色很值得拍。丁浪看在全太刚曾任共和镇镇长的分儿上,答应过几天去看看,不过没两天,全太刚就带着大寨村干部驱车赶往焕河实地考察,偏巧丁浪外出。大寨的村干部见到焕河的原生态村落,看到成为网红景点的水井,看到前来游玩的人们簇拥在水井旁拍照,顿时增加了几分信心。

如果以德江县城为中心,大寨村和焕河村围绕中心对称分布。大寨村也曾是著名的老贫困村——德江地界上,穷都穷得那么均匀。大寨是德江县海拔最高的村寨,坐落在海拔约为1300米的梯田高地上,距县城约28公里。村寨背靠大山,坐北朝南,两侧有山岭相护,是一个枕山面屏的原生态风水宝地。村寨里的民居依山就势,从低到高层递而建,呈组团状分布于半山腰上,以木制干栏式建筑为主,一些厢房采用吊脚楼形式,屋顶青瓦铺盖,色调统一协调,配以木制窗花、木门,屋檐多雕刻有具有地方特色的花纹。主体建筑一般为1~2层,一排四扇三间,厢房设置回廊,屋脊用小青瓦堆砌,具有土家族民居独特的风貌。每一正房前面均有院坝,依据地势,有两三栋并排连接,也有厢房相隔,阳台连接,院落铺设青石或保持原始泥土,周围绿树环绕,多植竹木。民居与自然植被、层层梯田相互穿插,秀美的田园风光凸显了大寨浓郁的传统乡村气息,共同组成了一幅宁静、秀美、和谐的乡间油画，让人流连忘返。

村民吕应光家保存的光绪三十三年岁在丁未小阳月十六日谷旦立经丹簿记载："再念乃祖乃宗，均属一脉之派，若亲若戚，原是五服之根由，今虽幽冥远隔曩一祖籍。自大明洪武三年在四川顺庆府蓬州仪陇县南阳里枫香门后岩东溪沟移至贵州思南府印江县所属地名洋井。"由此可证，大寨吕姓于明洪武三年（1370年）迁移到大寨，距今已有600多年的历史。

大寨的景色与焕河比，不能说是更好，至少是不相上下，借助短视频平台，吸引人们对大寨的关注，发展乡村旅游是一条可行的路子。没有见到丁浪，确实有点遗憾，不过相较于全书记的满腔遗憾，村干部发展大寨乡村旅游的信心提振起来了。

焕河经验给了大寨不少启示，可惜没有见到丁浪，也没正式敲定合作，全太刚牵肠挂肚地隔三岔五给丁浪打电话，邀请他早点来大寨考察。架不住全太刚的软磨硬泡，丁浪亲自开车带着团队去大寨考察。到了村委会，丁浪还没下车，村第一书记刘杰径直走向从后排下车的文学林，紧握着他的手客气地说道："丁总，幸会幸会，终于把您盼来了。"文学林尴尬地指了指刚从前门下车的丁浪说："这才是丁总。"场面有一点小尴尬，丁浪给人的第一印象是不起眼、不惊艳，反倒是文学林更有老板的派头。刘杰把人引到屋里，稍作休息，等全太刚赶来，一起驱车去看大寨最具特色的千年金丝楠木。

古树的阴凉下，全太刚极力推销着自己的想法与规划，刘杰在一旁补充有关古树口口相传的故事，还有大寨祭拜古树的民俗，等等。丁浪一直紧皱着眉头。千年古树虽然壮观，做成短视频短时间内可以吸引不少眼球，可是千年古树是一个固定景点，怎么围绕古树古村这些固定景点来做创意，吸引人们的关注和网络流量仍然需要动脑筋。最麻烦的是，大寨和焕河具有高度的同质性，如果只突出传统村落的原生态田园生活，有点缺少新意。更何况无论是"黔东农仓"的张金秀奶奶，还是"古村乐乐"的乐乐都是可遇而不可求，团队目前还不具备培养主播的能力。等到全太刚讲完，丁浪才缓缓开口，阐述了自己的想法：每个短视频账号都是有定位的，需要明确标签，千年古树很好，但放到短视频里面会有一些单调重复，如果没有主播来展示原生态田园生活，账号运营可能缺少IP，核心竞争力不够。另一方面，他们是商业团队，要找看点和爆点，从商业角度看，光靠这棵千年古树合作的可能性不大。

听到丁浪的话，全太刚心里有点急，想着人都请来了，绝不能轻易放走，于是打算先领着他们参观寨子，拖到晚上吃饭，再凭借自己的"三寸不烂之舌"劝说一番，便笑意盈盈地说："买卖不成情义在，既然来了大寨，就多看看，吃顿饭再走。"刘杰也在一旁极力挽留。丁浪不好拒绝，一行人索然无味地把大寨的犄角旮旯都转了个遍。

吃饭的时候，全太刚不再纠结丁浪来不来大寨拍摄，而是讲起了自己的乡村情结，他把大寨总结为"三千风景"。一是千重岭，贵州就是山多，大寨周围全是山，重重叠叠，特别是在对面山岗上看日出日落特别美，故名为千重岭。二是千年树，就是金丝楠木这棵古树，它在大寨人心中跟神灵一样，虽说是树，却是大寨人的生命依附和精神寄托。三是千缕情，人们在大寨居住了600多年，家族延续，文化传承，这是中国人永远剪不断的千丝万缕的根脉，所以叫千缕情。而且说起来，大寨也有一段为了打通与外界陆路联系的修路历险。

条条大路通罗马，去大寨的公路却只有一条：挂壁公路。顾名思义，这是挂在绝壁上的公路，一侧是山体，一侧是绝壁，脚底下是水泥路，头顶上是山体，整条路镶嵌在半山绝壁上。提起挂壁公路，年轻时参加修路，现在上了年纪的大寨人可以说几天几夜。大寨村修路的经过听起来跟焕河有点相似，但比焕河难度大了很多，因为焕河修的是路，大寨修的是山。

那还是吕昌安当村主任的时候，从中央到省里，再到市里、县里兴起了一股修路潮，最后乡里落实修路精神的时候只剩一句话：要钱没钱，要人没人，修路工具管够。这精神说得吕昌安又喜又愁，喜的是，"想要富，先修路"这句话在贵州深入人心，修路是能获得村民支持的；愁的是，大寨的情况比较复杂，有全和吕两个大姓，吕家以前有个倒插门女婿姓全，全家就是这样迁过来，然后自立门户的，两家人虽是沾亲带故，却小冲突不断。吕家人多势众，一直压着全家，可全家也不是吃素的，打起架来一点也不怵。吕家在寨子里话语权较大，但全家人办起事来不肯吃亏，早些年抢水争地的械斗时常发生。故而大寨的人心没有焕河那么齐，大大小小的事情都要搞平衡。修路这件事，得全寨人齐心合力方能顺利完成，怎么做好两家的工作也是愁煞人。

没想到，吕家和全家在修路这件事上观点一致，毕竟这路关乎两家的共同利益，摒弃前嫌的两家人走的是同一条路，修路的事情很快就进入了正轨。乡里不仅提供了一些修路的工具，还派来了一个包村干部。说是包村，实则是监督，监督工具的使用是否合规、不浪费，监督施工是不是符合安全标准，除此之外，作用不大。

安全监督是非常有必要的，挂壁公路要在悬崖上开凿，特点可以用一个字表达：险。挂壁公路本不是路，是一点点凿开的、用炸药炸出的、贴着绝壁的半开放式隧道。修路的时候，两至三人为一队，拿着绳子、斧头、锤子、炸药、风钻等工具，从悬崖侧面的小路，攀爬到路线规划位置的上方。找到至少可以承受一个人重量的石头、树木或者其他可以形成支撑结构的固定物体，把绳子的一端固定上去，另一端紧紧系在腰上，打上死结，在另外两人的帮助下，借力向悬崖方向滑动、悬降。悬降到指定位置后，从背篓里拿出锤子和钢凿用力地砸向石壁，每隔两三米就要凿出一个炮眼，用以盛放炸药。悬吊着的人的脚下是万丈深渊，山风袭来，人会不由自主地晃动，时时刻刻都有命悬一线的感觉，一般胆小的人，都不敢上。好在，大寨人早已习惯了在悬崖峭壁上攀爬。

为了保证打炮眼的进度，一支小队的三个人要轮流悬吊在山崖上，不过大寨村青壮年男性实在太少，仅靠蛮力开凿石壁费时费力且效率很低，而且悬崖上的石头比较硬，有些地方钢凿根本凿不开，只能去镇上请会用风钻的师傅来钻炮眼。风钻依靠活塞做高频往复运动，不断地冲击钎尾，在冲击力的作用下，呈尖楔状的钎头将岩石压碎并凿入一定的深度，形成一道凹痕。活塞退回后，钎子转过一定角度，活塞向前运动，再次冲击钎尾时，又形成一道新的凹痕。两道凹痕之间的扇形岩块被钎头上产生的水平分力剪碎。活塞不断地冲击钎尾，并从钎子的中心孔连续地输入压缩空气，将岩渣排出孔外，即形成一定深度的圆形钻孔。风钻干一天，抵得上一个人干半个月。在风钻的加持下，打炮眼的任务历时数月终于完成了。

打完炮眼之后，任务更加危险，需要在连片的炮眼中塞满炸药，炸开峭壁。去炸山的都是年轻人，这活儿确实需要胆大心细——必须在炸药点燃后的几十秒内迅速躲到安全的地方，否则就算不被炸得粉身碎骨，被崩下悬崖也是尸骨无存。挂壁公路不算太长，炸山的工作量却不小，根据炮眼及炸药的数量，均摊到每人身上是20～30发，按照四人一组计算，一组人大约要点100发。有的人体弱胆小，点10发炸药已吓得魂飞魄散，有的人身体素质好、胆大心细，能点40～50发。好在那时人们不计较那么多，能者多劳，胆大的小伙子勇担重任，他们也被戏称为"炮手"。峭壁上碎石飞溅，大寨这条挂壁公路整整花了两年多的时间才算打通，而所谓的打通，只是可以走大牲口，路太窄，汽车是不能通过的。挂壁公路打通之后，眼见着大寨村要通路了，却被挡在了最后一公里——一座坟卡在寨子的垭口上。

贵州其他事情或许好办，动祖坟这件事可真不好商量。按照规划路线，公路要经过大寨垭口，但那里有一座坟，是吕昌学祖父的。吕昌学放言，谁敢碰他家的祖坟，他就揍谁，同宗同族的村主任吕昌安亲自去协调也不行。吕昌安无奈，只好发动吕家的亲朋好友去劝，吕昌学谁的面子也不给，人们好话歹话说尽也不起任何作用。吕昌安此时早被这两年的修路工作耗尽了心力，这次拿吕昌学一点办法都没有，吕家面子尽失，让全家看了笑话。一气之下，吕昌安当着大家的面，直说不当村主任了，谁爱当谁当，只要能把修路的问题解决就行。这烫手的山芋谁敢接？大寨人辛辛苦苦修了两年多的挂壁公路只好停工，而且一停便是好几个月。

几个月后，吕昌安还真的卸了村主任一职，接替他的是寨上辜姓人家的代表辜明江。辜在大寨村是小姓，辜家人住得距离吕家和全家比较远，相对独立，却跟全家的关系更好一些。虽然在寨子里话语权不大，但以往和吕家积累的矛盾也没那么多，更像是大寨里的中立派。辜明江上任时很清楚，迁坟这事靠吕家人自己解决是不太可能的，前任村主任吕昌安出面都碰了一鼻子灰，吕家没有比他威望更高的人了，便把求助的目光转到全家身上，登门拜访了"老村长"全太平。全太平在大寨素有威望，虽然算是全家在村子里的代表人物，处理问题却能做到一碗水端平，吕家的人对他也很服气。辜明江登门说完来意，全太平听了也不敢打包票，只是答应了去试试，心里很明白，全家的人去迁吕家的祖坟，这事闹大了，谁也兜不住，必须动脑筋、讲方法。

全太平找了个日子，拿着家里自酿的好酒去找吕昌学。吕昌学一看德高望重的"老村长"来了，自然不敢怠慢，拿出家里的腊肉，炒了两个菜，两个人把酒言欢，喝得尽兴，全太平竟对迁祖坟的事情一个字没提，吕昌学索性也装作不知。不知不觉，天色暗了下来，两人也酒过三巡、醉意迷蒙，全太平便起身要回家。山里没有路灯，全太平又是长辈，吕昌学自然要送，便拿着手电筒出了门。从吕家到全家，一般情况下走青石板铺好的路要围着山绕一个大圈，而全太平故意抄了条很少有人走的近路，却恰恰路过大寨的垭口，到了垭口，全太平语重心长地跟吕昌学说："你看，这条路要是修通了，咱们两家的路就都好走了。"吕昌学借着酒劲，自然而然地袒露自己的想法："这个我懂，我就是怕对不起先人。"全太平接了话："我们算起来也是亲戚，你的先人也是我的先人，路修通，大家过得好了，先人才能安心。"他没等吕昌学接话，接着把寨子里迁坟的规矩细细地说了一遍，"只要你同意，这事我帮你主持了，保证你满意，先人也满意"。吕昌学其实也明白，迁坟这件事躲得了初一，躲不过十五，全寨子人都看着自己，之前他觉得这是吕家的祖坟，不能随便动，动了就让外人笑话。全家的长者出面说情，还愿意主持迁坟，这可是吕家少有的大面子，倘若此刻不借坡下驴，吕家、全家回头都得骂自己，那自己可成了大寨的全民公敌了，当即顺势答应了下来。第二天酒醒后，吕昌学便主动去找了全太平，全太平为了避免他再出什么幺蛾子，便告诉吕昌学："你有什么条件，有什么意见就说，你满意了我们再动工。"吕昌学也提不出什么条件，因为全太平早已考虑得面面俱到。于是，在一个"黄道吉日"，在全太平的主持下，庄重的迁坟仪式完成，垭口的问题终于解决了。垭口难关一破，挂壁公路才真的通到大寨。2000年，大寨里的人在搬进来600多年以后才有了第一条方便出行的公路，这条公路在2010年后逐步进行路面硬化，才有了今天的模样。

讲完这些，全太刚有些黯然，接着说起大寨的现状，以前1000多人的村寨，现在留下来的不到300人，还都是老幼病残，想搞产业发展，突破不了缺田少地的硬约束，再加上地处偏远，空守着这"三千风景"，却无人知晓，只能眼睁睁看着这么好的村落走向没落。这一番说辞还真打动了丁浪，他也是从小在大山里长大，也是看着乡村逐渐走向没落，也总想为乡村振兴做点事情。俗话说，穷则独善其身，达则兼济天下，现在自己的短视频运营事业虽算不上闻达于天下，却也是闻达于德江，有些事不能全都在商言商。再说，大寨的基础条件不差，或许可以尝试一下。

经过饭桌上磨合沟通，双方初步确定了合作的意向。丁浪打算回去准备一份详细的合作合同，等到下次来的时候，仔细商量合同的细节，要是没大问题，就尽快进入实质性操作阶段。伴着月色，带着各自的收获，三方人马依依惜别，约定了下次商谈细节的时间。

按照约定的时间，丁浪带着拟好的合同再次来到大寨。这次没有全太刚的陪同，丁浪与代理村主任全吉忠就合同的条款细节一一核对、协商，发现了几处无伤大雅的小问题，简单修改调整后就正式签订合同了，合同一方是丁浪的贵州义派电子商务有限公司，另一方是大寨村委会。除了合同规定的事项，双方还商定村委会负责为短视频账号运营团队租房、清理工作地点等，丁浪团队负责采购运营短视频账号所需要的机器设备，并调派团队成员入驻大寨。而短视频拍摄的主题在双方仔细商量后，决定以大寨村开展乡村振兴为主题，记录寨子里日常生活的点点滴滴，主播暂时由刘杰担任。

嵌入

主播刘杰是专门驻村帮扶大寨发展的干部。农村发展，尤其是边远地区农村发展的一大困境是缺乏人才，人口外流造成的农村空心化使得农村的基层治理陷入涣散、空转等困境。改革开放后农村社会逐渐原子化，团结力、凝聚力和向心力逐渐消失，公共事务管理和公共服务提供主体缺位，难以形成发展的合力。而想要实现农村农业发展，迈向乡村振兴，需要人才的支撑，人才不仅限于技术、产业和文化方面的人才，同样需要治理人才，后者链接村庄发展所需的社会资源，引导村民发挥主观能动性，促进村庄内生性发展。

2021年，刘杰开始到大寨村驻村，承担引领村民脱贫发展的重任。在去大寨之前，他就开始思考应该怎么做才能融入村庄，怎样拉近与村民的距离，如何获得村民的认可。除去希望融入村民当中，成为村里的一分子，他也在思索，如何对村寨进行乡村振兴的规划与设计，怎样做才是最好的。其实他心里没有正确答案，也没人会告诉他该怎么做。乡村振兴本就是一场探索实践，需要因地制宜，找出适合的发展道路。他抬起头打算先把这些思绪放下，望着远处的山脉，想到在去往村寨的路上看到的连绵不绝的崇山峻岭，他突然灵光一现，脑子里闪现了"千重岭"这个词语，此刻刘杰的脑海里出现了这样一幅画面：拨开缭绕在群山之间的云雾，大寨就是要和千重岭紧紧绑在一起，提起大寨，就会想到千重岭，提起千重岭，就知道是大寨。他回到家的第一件事情，就是打开电脑，去网上查阅，发现"千重岭"这个 IP 还没有被注册，喜悦之情溢于言表，于是第一时间完成 IP 注册。他觉得"千重岭"就是为他等待了千年，等着在大寨和他相遇，这就是缘分啊。

但是当他带着喜悦与憧憬正式入驻大寨村后，虽然优美的自然环境令他心旷神怡，可村民的疏离与冷落给他浇了一盆冷水。和村寨优美的环境相呼应的是寂静的街道——少有村民经过，村里一天下来见不着什么人，大家不主动和他沟通交流，这让他有点受挫。但是消极的情绪很快褪去，既然碰不到村民，那他就去村民家里与村民聊天谈心，主动沟通。他心想，我去了，他们还能把我赶出去吗？有备而来的刘杰说干就干，他直接搬进农舍住，并开始挨家挨户地走访聊天，了解各家各户的情况，还会主动帮助村民干农活，一边干活一边闲聊天，日子长了，村民知道了他不是来混的。渐渐地，见面和刘杰主动打招呼的村民多了，刘杰也能准确叫出很多村民的名字，甚至有村民开始邀请他去家里吃饭了，他与村民的关系拉近了不少。经过 3 个月左右的走访调研，刘杰已经走遍了大寨村各组各户，详细了解每户的具体情况，以及沙溪土家族乡的传统村落、民俗信仰、地理人口等情况，结合自己以往的经历和大寨村的发展特点，对大寨村的发展和规划做出了明确的计划与安排。

在完成对村民和村组的调研后，刘杰就思考，要想真正拉近和村民的距离，还是要举办一些活动，通过一起搞事情，加深彼此间的感情，要是可以通过活动为大寨做宣传，那就更好了。当然，刘杰还有自己的"私心"，他想通过组织活动，来培养村民做事的积极性和村干部的组织能力，更想通过活动来筛选一些可以做事的村民，日后作为自己乡村振兴事业的帮手。虽然有了组织活动的想法，可是组织什么活动，让刘杰有点犯难，自己过去组织过多次文艺汇演活动，可是在这山村里显然是不行的，客观条件根本不允许。

因为自己有跑步的习惯，刘杰察觉到大寨村优越的自然环境很适合开展山地康养跑的活动，他自己对于康养跑也很熟悉，于是把康养跑纳入考虑范围。一次经过金丝楠木和树下的普德庙时，他又想到，村寨农历祭拜的习俗各不相同，可以将这一特色与康养跑整合在一起举办活动。最终，刘杰确定以乡村文化旅游为主题，以康养跑和民俗祭拜为内容。有了想法后，刘杰就开始积极筹备，首先他选择了当地人看重的农历六月十九作为康养跑比赛活动开展的日子，也就是那一年公历的7月28日，然后他就去德江县城寻找合作的资源。他先去了文广局，经文广局介绍去找了一个每天在德江天主堂跑步的老人，经老人介绍，刘杰又去找了武装部的一个工作人员，经该工作人员介绍又去找了公安局的一个爱跑步的工作人员，在其帮助下，联系到德江县的跑团，在跑团的帮助下，将大寨村相关活动的信息介绍给德江县周边8个跑团的跑步爱好者。在寻找参赛者的同时，刘杰还积极地寻找赞助单位，获取经济支持。

从参赛者到赞助单位都是刘杰自己开车去县城一趟一趟去找、去谈成的。他相信，只要去想去做，就能做到。落实外部资源后，刘杰开始写活动策划方案，积极向乡政府申报。在村寨里，他组织村民开会，征求村民意见。这个提议得到乡政府和村民的大力支持，乡政府派出干部来支持，村民也自发参与到筹备活动中。

虽然提议获得乡里和村民的支持，但是活动的开展还是非常曲折的，比较显著的问题就是乡里、村里的干部没有组织过类似的活动，缺乏相应的能力，还有些干部态度不积极，极大地影响了活动的筹备。那段时间，为了动员干部和村民，刘杰磨破了嘴皮子。在和村民充分沟通后，村民自发分为两个小组对村里的跑道路段进行清理，从两头向中间推进。村民们在早晨天蒙蒙亮的时候，就拿着镰刀、锄头等工具开始工作了，仅用了一个上午的时间，就将跑道清理好了，这让刘杰心里很感动，他也真切地感受到了村民对他的认可。金丝楠木下的普德庙及树周边环境的清理，是刘杰组织村民完成的，庙里供奉的神像则是特为此次活动翻修和整理摆放的。很多组织技巧和方法是村民根据活动现学的。因此可以说，村民对于此次活动给予了高度的支持。

此次活动的举办，取得了良好的效果，吸引了很多热爱跑步的人参加，又因为恰逢农历六月十九，也吸引了很多村民来参加祭拜，于是当天，村寨里出现了很多年前才有的祭拜盛况，有几位年迈的老人握着刘杰的手，簌簌地流眼泪，感谢他的努力。这次活动，也帮助大寨村做了很好的宣传，"康养沙溪·避暑胜地"的发展定位逐步确立。

刘杰能够对村寨进行调研，完成调研报告，组织开展乡村文化旅游活动和他过去的经历是密不可分的。在到大寨之前，他是贵州省文化艺术研究院（省戏剧创作中心）副研究馆员，还有中国艺术研究院访问学者、省音协会员、非遗保护研究专家、策划导演、音乐人等多重身份，丰富的工作经历让他在非遗文化保护和活动组织开展方面积累了丰富的经验，这也是他能成功推进活动的原因。除了自身经历带来的能力和社会网络的加持，更大的动力是刘杰对乡村的热爱。

尽管一直在从事非遗文化和民俗文化的保护、宣传工作，但是，刘杰内心始终对乡村有一种特殊的感情，一直希望扎根乡村，做些实实在在的事情，给乡村带来一些好的改变。在2017年底，2018年初，结合自己当时研究的课题——"传统工艺的传承如何助力脱贫攻坚"，带着对乡村的热爱，刘杰选择了自己的家乡安龙县开展脱贫攻坚实践，希望可以利用一年的时间，发动当地村民，逐步完成对优秀传统文化的恢复、传承与弘扬，增强集体凝聚力，完成脱贫攻坚，开启乡村振兴的新时代，建设美丽新农村。他就想看看，自己是不是可以完成自己设计的乡村实验。刘杰的这番实践很成功，这使他对乡村建设更有信心，也希望继续从事驻村工作。

在组织完乡村文化旅游活动之后，刘杰反思，传统意义上的宣传力度太小，受众范围太窄，不能把大寨村推广出去，要找找新思路。刘杰自己之前就一直刷抖音，看短视频，也经常会自己拍摄短视频并发布。他看到了抖音的巨大流量，由此想到给大寨村建立一个短视频账号，把村庄的美景拍下来，发出去，吸引游客前来游览。现在很多人都靠拍短视频、直播带货出名、赚钱，他也可以带动大寨村一起搞嘛。因为涉及新媒体，且运营工作很依赖团队配合，刘杰知道自己一个人搞不起来，需要多找几个人，特别是年轻人，毕竟乡村振兴的关键是人才振兴，应该吸引年轻人参与。他还有一个更加长远的想法，那就是把村里的年轻人培养起来，这样就算驻村帮扶工作结束，他离开了，这个乡村振兴项目仍可以继续下去。

在寻找新媒体合作渠道方面，刘杰早就与沙溪土家族乡党委书记全太刚进行过沟通，介绍了自己想要利用新媒体平台，如抖音、快手等进行短视频宣传和直播带货，带动乡村旅游业的发展的愿望。和乡里沟通的目标主要是争取乡一级的支持与资源，刘杰从贵州省的政策方向、大寨村的自然资源、新媒体发展的广阔平台、自己过往的乡村实践与文化产业从业经历论述了大寨村通过新媒体发展乡村旅游的可行性，他还积极地给全太刚书记展示自己过去拍摄的短视频，包括播放量、点赞量等数据，希望得到认可。全书记非常赞同刘杰的想法，他还和刘杰说，后面要引见丁浪给他认识。当时因为要忙着筹备康养跑活动，刘杰没把后面这句话放到心上，想等活动结束再说这件事。可是刘杰不知道，未来他将和丁浪紧紧绑在一起。

在积极接洽新媒体资源，为抖音账号做准备的同时，刘杰没有放松乡村人才振兴工作。他先是对在外务工的大寨村青年进行劝说，希望他们可以返乡就业，参与到乡村建设中，并针对每个人的能力和兴趣来规划和安排工作。接下来，要培养在村青年的技能，通过多种渠道帮助青年人学习养家糊口的手艺。例如通过刘杰在微信朋友圈的宣传，有两位贵阳的厨师主动来到大寨村教授厨艺。此外，刘杰还积极和村里的木工、瓦工等手艺人联系，邀请他们向青年人传授技艺，让没有更多文化和技能的青年人学习起来，慢慢培养技能，进而解决就业问题。在民宿项目启动后，刘杰积极动员在村里的青年人参与进去，这既培养了他们的奉献精神，也为前期学习的瓦工、木工知识提供了实践机会。对于受教育水平相对较高、有抱负有想法的青年人，刘杰也抓住一切机会积极劝说他们返乡就业，扩充基层组织的新鲜血液。现任村主任和村副主任都是在刘杰的积极动员下回到大寨村的，他们经过后备干部学习、村委竞选成功上岗，在村寨里为村民服务。

大寨村的年轻人

全长春这拨大寨娃都是二十世纪八十年代末、九十年代初出生的孩子。那时候读小学要去隔壁的大泉村上课。大泉村村小教授小学一至三年级的语文和数学，只有一个本寨人当老师，去上学的孩子也少，课程根据孩子们每天学习的进度灵活安排，课业比较轻松。午饭由孩子们从家带，饭盒里除了米饭之外，必不可少的是辣椒，或许还有一团黑黢黢的腌菜，很少有人带新鲜蔬菜，遑论用鲜肉烹制的荤菜了。即便是这样，全长春吃得还是很开心，和他吃着同一份饭的全糠也十分满足，毕竟自家爷爷奶奶的年纪大了，照顾自己有些力不从心，有时自己还要帮他们干活。

小学三年级时，大寨村小建成，寨子里一至六年级的小孩都可以在家门口读书了。全长春及弟弟全长城、全糠、全齐、全刚聚在了一起，学校里足足有二三十个小孩。家与学校的距离变近了，上课却没有以前那么轻松了，大寨村小的老师是教育局派来的，上课管得严，课业要求高。在大泉村上课的时候，全长春觉得一天的时间过得很快，边玩边学，老师也很亲切。大寨村小的老师不知为啥，或许是派下来的原因，身上总有一股子距离感，且格外看重学生的课堂表现以及课后作业，调皮捣蛋的孩子常免不了一顿批评教育。小孩子们看到老师都害怕，有些怕得没了学习的心思，在学校被老师"针对"后，回家还要被父母骂，久而久之，没了学习的信心，感觉自己不是学习的料子。学校还增加了升级考试，即四年级升五年级时要考试，如果不合格，需要留级等来年再考，直至合格为止。有些跟不上的孩子一连留级了好几次。小学升初中则更有趣，中学会拒绝接收身高不达标的孩子。全昌银是第一个因为身高不够不能去上初中的"倒霉蛋"，只能羡慕地看着小伙伴拿着小学毕业证去乡里读初中，自己在家门口的村小复读，和比自己小两岁的全长城一起读五年级。当年的糗事，在三十多岁的几个年轻人再次谈起的时候，已变成满满的回忆以及回不去的童年。

按理全长春和小伙伴村小毕业后，应到乡里唯一的中学就读，事实却是，全长春是那个"唯一"——唯一去乡里读中学的小孩，其他孩子都跟着外出打工的家长进城了，有的在德江县城，有的去了遵义市，更远的跑到了省会贵阳。少年不识愁滋味，留在乡里读书的全长春一点也不失落，离开家的束缚，他终于可以放飞自我了。从家到乡里的中学，走路单程要三个多小时，全长春根本不可能走读。学校没有宿舍，他只好和其他村的学生合租，三至五人一间，大家均摊房费，每日餐食自己解决。对于全长春来说，那段日子虽然有些难挨，但总归是快乐的。每逢周末，全长春便可回家一次。周围的同学也早已收拾好行囊（里面通常装着需要拿回家洗的衣服、袜子之类的东西），只待铃声响起的那一刻，争做第一个冲出校门的那个最靓的仔。

沿着回大寨村的那条土路走，偶尔也会遇到和自己一样步行回家的孩子，但多数时候全长春都是孤单地行走在崎岖的山路上。对于全长春来说，有两种时刻会感到开心，一是知道放假可以回家的时候，二是满载吃穿用品返校的那一刻。其实，回到家里，等待全长春的是做不完的活，割猪草、喂猪、赶牛、放羊、洗衣服等，有啥活干啥活，唯有晚上吃完饭坐在院子里消食的那片刻闲暇属于自己。

周一要上课，全长春通常会在周日吃完午饭后，收拾下一周要用的东西，包括洋芋、大米和换洗衣服。妈妈会趁机给全长春塞些好东西，比如李子、黄瓜等蔬果，有时还会给些零花钱让全长春改善伙食，毕竟即使换着花样做，一周五天顿顿吃洋芋谁都受不了。收拾完，全长春背着一袋子沉甸甸的生活用品，一步一步地挪向学校……

离开家独自一人生活的全长春不必去做一个人人夸赞的乖乖儿子，也不用给弟弟全长城做榜样，他随着自己的性子野蛮生长。所以每当同学说新来了个美女同学时，全长春都会跟去凑热闹，想看看究竟是村东头的阿莲好看一些，还是新来的同学更胜一筹，当然更多的是对新同学的好奇。在寨子里上学，从小玩到大的多是男孩。那个年代，"养儿防老""传宗接代"的传统观念根深蒂固，农村本来就穷，送女孩上学被视为"赔本"买卖，因为在老观念里，女儿迟早是要嫁出去。穷人家供女孩读书的并不多，男孩上学去了，女孩在家里做农活，反而身体比同龄的男孩更加健壮，同村的阿莲每次话不投机，都能抡起拳头揍全长春一顿。中学里软糯糯的小女孩自然便成了全长春眼里的"稀罕物"。

自从全长春去了乡里读初中，上小学的全长城如鱼得水，完美诠释了什么叫"老虎不在家，猴子称霸王"，果然之前兄弟能和谐相处，全靠全长春一人的"血脉压制"。全昌银因为留级，也跟着全长城一起"胡作非为"。那年谷子快要成熟的时候，遭遇了特别干燥的天气，只要能熬过最后一阵，多多少少还是能保住产量，这就需要挖水渠从溪流中引水。讨嫌的全长城和不着调的老大哥全昌银拿着家里的镰刀上山砍了根竹子，将竹子从中间劈开，当作两把趁手的铲子，两个捣蛋鬼人手一把，把人家挖好的水渠全用泥巴堵上了。全长城掩耳盗铃，以为只要不毁自家的庄稼地，便不会挨揍，却忘了，有个词叫"告状"，父亲的一顿暴打是逃不掉的。

全长春从乡里初中毕业的时候，全长城刚好上初一，父母寻思着孩子们都去读中学，住在大寨村外，开销大，在家做农活赚得太少，所以双双进城打工。本着对小儿子诸多劣迹的了解，父母估摸乡里的初中八成是镇不住他的，所以特意把全长城送去了县里著名的玉龙中学。玉龙中学是德江县城所有私立中学中口碑最好的一所，包括初中和高中两部分。口碑好并不是因为成绩优异、升学率高，而是学校管理的严格程度远近闻名，谁家劣迹斑斑的顽童都能管住。学校里面全是捣蛋的小孩，学校旁的巷子里经常能看到小年轻们斜挎着装有"武器"的书包，用势不两立的眼神对峙，只等一方沉不住气先动手。书包里的"武器"种类丰富，有折断的拖把、路边捡的粗树枝，还有偷摸从家里带出来的刀具，不过谁也不敢真的把刀捅到别人身上，只是为了壮胆。

深谙此事的警察时不时前来巡逻，经常能够抓到正在打架的小年轻。全长城机灵得很，每次遇到警察都能顺利脱身，要么在警察来之前迅速逃走，要么没事人一样从警察面前淡定走开。那时，最让全长城害怕的不是被抓住要去蹲班房——据说要关上个三天三夜，不给饭吃，灌输一些思想教育的话，直至"改过自新"，他最怕的是警察告知学校，并被学校要求在全校师生面前做检讨，这对全长城来讲可是会掉面子的大事，万万不能发生。虽然全长城能闹爱混，但每次升级考试却都能顺利通过，而全昌银又倒霉了，再次因为身高不够，被迫又读了一年初一，硬生生从大哥变成了一起毕业的同学。

被送去省会城市贵阳读书的全糠，生活远没有那么精彩。全糠妈妈娘家的亲戚在贵阳开了个私立学校，免了全糠读书的全部费用。能在省会上学，还是上私立学校的，都是家里有点钱或者有点地位的，不然根本负担不起高昂的费用。全糠的父母安心地把孩子送去贵阳后，双双去宁波做活赚钱。不仅如此，接下来，1997年出生的弟弟全荷清、2000年出生的全华兰都没在村里上过一天学，全在贵阳完成小学、初中以及高中的学业，距离让亲兄妹之间反而有点疏远。

全家的其他小孩，比如1995年出生的全波虽是在乡里上的初中，但凭借优异的成绩考上了德江县最好的高中——德江一中；平时默默无闻的全刚竟是全家第一个考上正儿八经的大学——贵州大学的小孩；全齐也是不甘落后，考上一所师范院校，后来当了老师，当然这些都是后话了。

"穷人家的孩子早当家"，他们不仅早早学会了洗衣、做饭、干农活，还早早地学会了理解社会，全长春对此深有感触。初中三年之后，平时一起打闹的小伙伴，有的被父母接去大城市见世面，有的家里给安排了工作。全长春之前一直以为大家都是一样的，这时才意识家里没钱、没人脉，靠自己的分数勉勉强强够上个高中。全长春有些悔恨，却也看透了，明白只有上学才能改变命运。

那边全长春悟了，另一边全昌银亦参透了自己的人生："不想读了。是我自己不想读了，不是家里供不起了。我觉得自己不是学习那块料。本来应该是和你同届的，现在留了那么多级，在班里算是年龄最大的了，还不如趁早学门活路，以后好养家糊口。"

不仅全昌银不想读书了，相伴三年的同学里，有好几个男孩跟着父母一起外出打工，女同学继续读的少之又少，有些已经回家嫁人了。全长春或许是在学校太过自由了，已然忘记了，寨子里的女孩十四五岁结婚生娃的不在少数。他总是觉得生计等现实问题离自己很远，殊不知，有些人已经选择了祖辈的那一套人生轨迹。全长春感到一丝孤独，不知道未来会是什么样子，但生活终归是要继续下去，没有选择就继续上学吧。与初中混混便能过去的课程相比，高中不仅科目增加了不少，而且考试的难度也提高了。高二那年全长春选择了理科，这个选择和他未来从事的职业密切相关。

全长城自然也读了高中，父母让他继续留在玉龙中学，觉得普通高中管不住他。全长城也不在意那些，在课业之外我行我素。如果说全家小孩有谁可以比全长城更放飞自我，那当数比他小三岁的全波。全波出生晚了几年，错过了全家孩子出生的高峰期，按部就班地读完村小和乡里的初中，比较不同的是他的学习成绩出乎意料地好。在众人都以为他会是全家的一匹黑马时，全波却偏偏在初三选择练体育。全波没想做体育特长生，只是单纯热爱体育，而且从来没有耽误过文化课，中考还考进了德江一中。德江一中是县城最好的高中，但凡能考上德江一中，未来肯定能读个挺好的大学。

不过高中课程比想象中难多了，本来轻松快乐学习的全波瞬间蒙圈。一边是自己热爱的体育，一边是难啃的文化课程，难以两头兼顾，全波索性自顾自地选择了能够让自己开心的体育。"不想学文化，这些科目太难了，只想专心搞体育。我本来就好玩，去搞体育以后，每天不想上的课我就跟老师请假说我们要训练。有时候一整天都不去教室，别人只能偶尔在篮球场、足球场找到我。"或许是喜欢体育运动的原因，全波是全家年轻人里个子最高的，有一米七四左右。

全家的第一个大学生是全刚，而大寨村此前的大学生几乎全出自吕家。1977年，恢复高考后，大寨就出了第一个大学生——吕昌辉，他考上了南京林产工业学院（今天的南京林业大学）。1980年，大寨出了第二个大学生，还是吕家人，叫吕瑞安，考上了武汉的一所大学。到了2002年，全刚考上贵州大学，相隔二十多年，全家才出了第一个大学生，或许这可以解释为什么很多吕家人离开了大寨，相较而言，全家人离开的比例要低不少。

或许是借着全刚带来的示范效应，或许是享受到高校扩招的红利，后面全家的孩子大多能考上大学。全长春有惊无险，成为高中班里为数不多考上大学的人，虽然他只考上了武汉的某所专科院校，学习行政管理；一直在贵阳读书的全糠考上了贵州师范大学，主修社会工作；全齐考上了本省的一个师范类的本科院校；全长城考上了贵州民族大学艺术设计学院，主修艺术设计；放荡不羁的全波考上了一所警察学院，但是入学前跑去广东耍，被外面的世界迷花了眼，遂放弃入学，转身"下海"去了。

全长春读大学的时候为了省事，选择了看起来最好学的专业——行政管理，殊不知"出来混终归是要还的"。全长春毕业后发现根本找不到对口的工作，自己也不想去考公务员或者事业编制，接连换了几个县市断断续续做着不同类型的工作。在回到大寨村之前，他工作最久的地方是思南县，做的是跟大学所学专业完全无关的工作——在实验室里检测混凝土质量，月工资在8000元和12000元之间浮动。混凝土质量检测工作比较简单，主要是使用各种仪器对混凝土的各项指标进行测算，虽然做长了有一点无聊，但也是安逸得很。加上思南离德江很近，生活习惯基本一致，还可以经常回家看看，全长春的工作生活算是安定了一段时间，而且幸运的是，他在思南还偶遇了令他心动的女孩并顺利与她订婚，可谓事业爱情双丰收。

2020年受新冠肺炎疫情影响，建筑行业遭受了极大的打击，楼盖得少，混凝土质量检测的需求也少了很多，全长春连着一年几乎无所事事，索性请假回家，浑浑噩噩地待着。恰逢大寨村脱贫攻坚胜利之后，乡村振兴项目蓬勃发展，赋闲在家的全长春作为上过大学的有识青年，正是乡村振兴急需的人才，被邀请加入乡村振兴的队伍。

全长春从小到大都是个很有主见的主儿，他做什么决定或遇到什么问题都是自己默默扛着，很少和家里讲。弟弟全长城则相反，在父母心里，小儿子更需要他们的指引，父母也对全长城有更高的期待，希望全长城毕业以后能走仕途。在父母这一辈的陈旧观念里，儿子若是走仕途，以后自己家就能在寨子里说得上话。

全长城也一直按照父母的期待一路走，机缘巧合在乡里的司法所工作了一段时间。在此之前，全长城刚毕业时去了朋友开的婚庆公司帮忙搞舞台设计，与他所学的专业对口，也是他的兴趣和热爱所在。可没干多久，迫于父母的压力，他回到了大寨村。作为返乡的青年知识分子，他做起了村民小组的组长，负责信息传达、组织组员参加活动，前两年有猪瘟的时候，还要去村委会帮忙整理资料。工作一段时间之后，全长城的社交能力展现了出来，他和镇上派下来的驻村干部混得极其熟络。某天，全长城在村委办公室帮忙整理资料，驻村干部推门而入,有些迫不及待地和他分享刚得到的信息,原来是乡镇司法所招合同工。

"别愣着了,你整完这些赶紧去准备准备,过两天要面试的。"驻村干部的语气自豪且兴奋,交往多了之后,他觉得全长城这个小伙子虽然看起来吊儿郎当,却是一个有能力、有想法的年轻人,如果有机会将来能成大事。

全长城不负众望,在考试中脱颖而出,得到了司法所的工作,但没承想,他并没有一直干下去,并不是被开除了,而是全长城率直的性子跟乡里的党委书记处不来。终于,在工作满一年的时候,全长城辞去了那份让他干起来实在不舒服的工作。

虽然辞去了工作,但也不能赋闲在家,于是,全长城便又出去找活路,与同学合伙做点小生意。好景不长,新冠肺炎疫情让各行各业都不太景气,全长城深觉生意难做,不禁有点怀念之前拿死工资的稳定日子,不过也只是想想,毕竟好马不吃回头草,现在回去人家也不能要。到了2021年8月,外公突然病重,从小便与外公分外亲的全长城专程请了长假,想送外公最后一程。那几天,所有亲人都沉浸在悲伤中,父母却丝毫没放弃对全长城事业发展的"关心"。外公的葬礼过程中,父母一直在劝儿子留在乡里村里当个干部,可当时的全长城已经无力思考那些事情,只是随口应付了几句。

把外公送走没几天,村里的干部来家里找全长城,晓之以理,动之以情,劝说他到村委工作。干部给出了三个留在村委工作的理由。一是全长城党员+本科学历的身份完全符合要求,干满两年还可以去考乡里的公务员;二是乡村的发展离不开年轻人,年轻领导者的想法、能力在乡村建设中起着非常重要的作用;三是在家还能照顾父母。全长城也明白，是时候做个决断，不能拖拉着让父母操心。最终，全长城选择留下来，回应父母对他的期望，他也是全家唯一一个准备走上仕途的孩子。不久在乡里的组织和动员下，全长城参加了村委会主任的选举，当选村委会主任。

全长春和全长城兄弟俩回来之后，全家其他的孩子也先后回来了……全波的高考分数本来够他上警校，但那个说起来有些"荒唐"的暑假让他的人生走上了一条完全不一样的道路。"不后悔，感觉上学和不上学出来都是一样的，我感觉与其做那种拿死工资的工作，不如在外面自己创业。你如果没有进入那种高层或者年薪比较高，说实话还不如自己选择去找一些东西，自己闯。"见识了外面世界的自由与美好后，全波便不太想回村了，他这些年折腾了许多事情，做过产品直销，做过京东物流，辗转广西、江苏、浙江等多个地方，但从实质上讲，还是逃不过当初极力想要避开的"打工"两个字。全波所追求的自由泡影终究敌不过一场疫情。2021年过年前夕返回村中时，他用这几年攒下来的钱买了辆车，想好好犒劳一下一直努力的自己。就在等着提车的这段时间，他看到寨子里的发展机遇。

与全长城的抗拒与无奈不同，全波是个比较随和机灵的人，看到有利润可图便抓住时机趁早下手，或许这是多年浸淫社会和商场的结果。他主动和村干部探讨在村里做些什么，能够实现自身利益和寨子利益的最大化。"你看广场那块地怎么样？那儿离庙和金丝楠木的景点近，而且是进村的入口，家家户户都要从那儿走。"村干部看到全波愿意留下来，面露喜色，略有些激动地讲道。"这点我也看到了，但是具体做些什么呢？"全波拧起了眉头，或许他还需要待几天考察一下，找到市场需求最多，寨子里却还没有的生意。

看到全波并无成形的想法，村干部倒是给他出了个主意。"我有个提议，你看小卖部怎样？咱们村里没有。游客多的时候，那儿人流量又大，能卖不少东西……这只是我的想法，你也可以自己瞧瞧。"全波拧着的眉头瞬间平和了不少，觉得开个小卖部虽然要克服重重困难，却也不无道理，毕竟来大寨村的人总是要吃点喝点，寨子里有农家乐可以吃饭，却没有专门卖饮料、小吃的店铺。再说，来大寨村的人一般都会来千年金丝楠木下看看，应该会有一定的人流量。有了想法，全波行动得很快，年前讨论着，年后千年古树旁便多了一个"波波小铺"。

一直在省城贵阳上学的全糠，一般在过年时才回村与家人相聚，其他时间一直在外。全糠有过一段和全长城相似的经历，通过"三支一扶"的路子，他毕业后去了安顺市某个县城的文创办工作过一段时间。已经适应省会城市生活的全糠怎甘心回到小县城待着？半年以后全糠果断辞职，转身回到了贵阳，几年下来，打过工也创过业，赚了一些钱也赔了一些钱，但他始终相信生命不息，折腾不止，他终归会找到一个自己感兴趣且能赚钱的行业发展。2021年快过年的时候，全糠从全长春处得知，大寨村开始做抖音短视频账号，赶巧妹妹全华兰打电话说不想继续在城市里打拼了，觉得很疲惫，不踏实。早年外出打工的父母都已返回老家，没人照顾，全华兰想看看能不能在家附近找个工作，方便照顾老人。机缘巧合，丁浪在大寨村组建新团队，正好缺个摄像，这个需求与全华兰的专业和工作经验对口，她自然就应聘成功了。在妹妹的带动下，全糠也回到德江，几番搜寻下，找了个投入小，但是看起来有着光明前景的活——他在距离大寨村最近的镇上开了一间民宿，用以招揽前来游玩的旅客。

作为全长春的好友，全昌银这些年同全长春保持着比较频繁的联系。不过这两人平时一个在思南，一个在德江，虽说离得不远，但是通勤要好几个小时，因此这几年仅偶尔在大寨村见上几面。全昌银初中毕业后按照他自己说的，跟着父亲学了木工，但越是亲近的人，越难分得清，尤其是在经济利益上。全昌银在掌握了木工技术后，果断与父亲分道扬镳，离家独立发展，中途去义乌倒卖过小商品，去宁波砍过竹子。2013年的时候被自家叔叔忽悠回了德江，换了很多家公司。兜兜转转这么些年，他觉得虽然到处奔波很辛苦，但好在靠着手艺本本分分地养活自己不成问题。

2021年9月的时候，全昌银觉得自己需要换个环境，便从公司辞职，打算回大寨村待一段时间再重新找活。可他这么一待，绝不是几天的事儿，而是以月为单位计算。本来和家里人说待上一周左右的时间再出去，可是家里太舒服了，天天睡到自然醒，醒了还有热乎的饭吃，外面那么冷，什么活都不太好干，加上再过几个月就过年了，公司一般不会在这个时候招人，外出找工作的想法便放了放。

没想到，木工手艺让他在寨子里找到了发展的机会。先是寨子里要发展乡村旅游，需要做木制的道路指示牌，全昌银的父亲因为木工手艺好被委以重任，闲在家里的全昌银也没逃掉，乖乖被父亲拉去打起了下手。全昌银父亲的手艺是真的好，指示牌充满了设计感，可能是整个德江县最拿得出手的道路指示牌。接下来，寨子的传统民居要翻新改造，都是木工活，全昌银就这样在大寨待了下去。

过年的时候，全家大院非常热闹，原本空荡荡的房子，现在都亮起了灯，自家人坐在一起吃饭、唠嗑，有着聊不完的话题。全长春、全长城、全波、全糠、全昌银，这些从大寨村走出去，又回到大寨村的孩子围绕着乡村振兴再度聚在了一起。

古村 28 渡

2021 年末，伴随着大寨村的年轻人陆陆续续回到寨子，大寨村的新媒体团队正式组建完成，寨子里的老房改造和民宿建设工作也被提上日程。围绕乡村振兴这个主题，适合大寨村拍摄的题材并不是农业产业发展，而是与焕河一样，主打文旅产业。大寨村的自然条件决定了农业产业发展带动乡村振兴的可能性不大，当地缺田少地，且多为梯田，农业灌溉本身就是一个问题。大规模农业开发还存在其他风险隐患，如遇到大雨、暴雨，有水土流失的风险，不符合当下生态环境保护的要求。之前，大寨也经历过县里、乡里主导的以特色农产品为主的产业推进，都没有取得很好的效果。但大寨村自身的优点也很明显，除了价值过亿的千年金丝楠木，还有古树银杏王，周围的山上有不少叫得出名字的景观，如冷风口、观音山、老虎涧、滴水崖、狮子口、云盘堡等，虽说这些景观不能与雄山大川媲美，却也独具风味，甚至可以作为写生基地。其实，大寨村最适合的是康养+旅游的产业发展模式，丰富的植被覆盖、舒适的气候环境和保存完好的传统民居都能够作为产业发展的支撑，更关键的要素是大寨村由于海拔落差大，气温条件好，举办山地马拉松挑战赛和康养跑等赛事活动均颇为适合。尤其是在炎热的盛夏，大寨村高海拔优势更为明显，可以说是整个德江县气温最低、最凉爽的寨子。而大寨村最大的短板是没有供游客居住的民宿。这一点在村委会为丁浪团队寻找工作室的过程中体现得非常明显。

大寨村空置的老房子有很多，能立刻搬进去住的却不多，大部分空置的老房子都是多年无人居住，年久失修，根本没有办法办公和居住。条件好的老房子，房主都拒绝对外出租。而且，当年修建房屋时人多地少，老房子的空间非常逼仄，有的连一张长桌都摆不下。寻摸了一圈，村委会选中了两间相连老房子。这两间房子虽破旧，但构架基本完好，略加修葺便可以住人。老房子属于一对堂兄弟，房子相连，互成犄角，中间还有一块空地，将来可以打造成待客活动的院子，解决老房子空间逼仄的问题。此外，老房子位置好，距离寨门（村里人叫它龙门）很近，西侧能看到开阔的山景，离村里的停车场也只有两百多米，无论是日常拍摄还是来往交通都比较方便。

选好老房子之后，村委会就出面联系老房子的主人回寨子里商谈租房的事宜。当着堂兄弟的面，刘杰和全吉忠向他们解释了租房的原因和目的，绘声绘色地描绘了一番短视频团队入驻大寨村之后的情景，并保证一定监督短视频运营团队保护好老房子，绝不破坏。两人还想和这对堂兄弟商量一下房租，希望房租不要太高，毕竟是费了好大力气谈好的项目，关乎大寨村的未来发展。兄弟俩的回答超乎预期，他们齐声赞同这个项目，并说："我们不要钱的，你们免费用吧，反正那几间房子我们用不到，有人住着，还有人气，对我们是好事。再说，这也算为我们寨子做贡献了。"这让人有点喜出望外，不过寨子也不能白占堂兄弟的便宜，最后象征性地以每年600元的价格租下了相连的两间老房子，并且签订了正式的租房合同，约定老房子的所有修葺费用由寨子来承担，丁浪团队将来为工作、生活而改造的水电和置办的电器，如空调、热水器等将来也不会拆除，直接留下，方便改造成民宿。

　　选房子的工作顺利进行，丁浪组建团队的准备工作也紧锣密鼓。他需要组建一个新的团队去大寨村，至少要有摄像师、负责后期剪辑的人，才能形成一个完整的独立作业团队。他思考了一下，"古村乐乐"账号团队和"黔东农仓"账号团队的运营比较成熟，贸然调动不利于这两个团队的稳定，但大寨村属于初创，必须有经验丰富的人带队，才能够应付各种突发情况，他想到了小杜。小杜加入得早，承担过多种工作任务，还当过副主播，经验丰富，能力也强，拍摄、剪辑方面的事情都能拿捏，完全能够胜任多个角色。于是，丁浪单独和小杜沟通，说公司和大寨村签订了合同，要开发一个新的账号，组建一个新的团队，主要是拍摄乡村振兴主题的内容，因为她经验丰富，希望派她过去负责日常运营工作。小杜爽快地答应了。

　　负责日常运营的人是有了，可短视频团队至少要两个人才能忙得过来，还缺一个摄像师。丁浪的团队真的是抽不出人手了，只能招聘新人，让小杜带着。文学林应丁浪的要求发布了一则招聘通知，招聘一个学徒或者有经验的摄像师，参与大寨村团队的运营工作。

　　在将招聘的事情转给文学林后，丁浪开始思考大寨村短视频账号的名称。考虑到矩阵式发展，加上大寨村与焕河村一样都入选了"中国传统村落"，"古村乐乐"里的"古村"二字是可以直接拿来用的，那后面加什么字呢？有没有让人过目不忘的文字？思来想去，没想到好点子的丁浪索性找村委会的人一起商量。还真是"三个臭皮匠，顶个诸葛亮"，头脑风暴之下，大寨村短视频账号的名字定为"古村28渡"。这个"古村28渡"有不少寓意："古村"意在宣示短视频是在传统村落拍摄；"28"的含义比较丰富，一个是大寨村位于北纬28°，另一个是在中国传统文化里有二十八星宿的说法，由东方青龙、南方朱雀、西方白虎、北方玄武各七宿组成，民间也流传着"左青龙，右白虎，前朱雀，后玄武"的四灵山诀，这恰巧与大寨村的地理环境比较契合，寓意着好风水、好彩头；"渡"这个字，寓意更为深刻，这是个佛教用语，有破迷开悟、明心见性、到达彼岸的意思。丁浪和大寨村结缘更多的是为了满足自己的乡村情结，两者合作是相互渡化的关系，丁浪渡化大寨村，大寨村也在渡化丁浪，只有相互渡化，双方才能各有所获。

大寨村短视频账号注册好了之后，可谓"万事俱备，只欠东风"，但这东风却迟迟未到。丁浪是乡里引入的人才，最初商定乡里要给予一定的物质支持，主要是短视频的拍摄设备。可是，按照政府经费管理使用的规定，乡政府的财政不能用于购买相应的拍摄设备，这意味着物质支持没法落实到位。焕河村团队也没有多余的设备可以调剂过来支援大寨村，只能买新的设备，资金落实不到位，东风自然来不了。丁浪想，既然已经决定要做了，就多拿出一点勇气，现在虽然乡里的支持不到位，但处境总好过当年单枪匹马创业的时候，先垫资做起来再说。他便和大寨村商量，最终决定义派电子商务有限公司和大寨村分别投资5万元和2万元购买设备，包括摄像机、补光灯和剪辑视频所需的电脑。这笔投入等以后短视频账号运营成熟，有营收了之后再从分红中补回来。说好之后，丁浪带着小杜和刚刚招聘的摄像实习生小刚入驻大寨，开始了"古村28渡"短视频账号的拍摄和运营。

丁浪按照预先规划，先后拍摄视频介绍了千重岭的绝美风光、金丝楠木古树、600多年的传统村落历史、浓厚的土家族文化气息，还有未来打造3A级乡村文化旅游度假区的设想：建设露营基地、户外运动拓展基地、山地康养跑营地等等。接下来就是大寨村乡村振兴的内容了，有修房子的，有种天麻的，有摘玉米的，总之，寨子里的活动都被记录下来，并转化为短视频，乡村振兴的点点滴滴都被呈现在大众的面前。

随着"古村28渡"短视频的创意与内容渐趋丰富，粉丝量很快突破了20万。而这只是"万里长征"的第一步，短视频账号本身只是平台与窗口，充分展示了大寨村的风土人情与自然风光，但大寨村的目标绝不仅仅是展示，更多的是希望通过"古村28渡"的宣传，让更多的人了解这个偏居一隅的传统村落，吸引游客前来观光游览，进而带动村庄的文化旅游业等多元产业的发展。既然选择了文旅产业作为村落发展的突破口，那实实在在的在地产业建设又要从哪个方面入手呢？大寨村对寨子里闲置多年的破旧房屋进行梳理，并将可利用的民居登记造册，根据总体情况重新规划与设计，一边修复和改造条件较好的旧民居，一边借用损坏较为严重的老房子的宅基地，建造新民宿。待业态成熟，游客前来参观时，便可以在村里小住，欣赏乡村风光，感受淳朴民风，真正实现乡村旅游和康养产业蓬勃发展。

民宿

寨子里闲置的民居的确有不少，但让人们心甘情愿参与到乡村振兴进程中来，还是需要下一番功夫的。倘若寨子里的人不同意、不支持，尤其是闲置民居的所有者拒绝配合，那么后面的设计与规划都只能是泡影。村干部找到拥有闲置房屋的村民，通过一番番推心置腹的交谈，说服了几户人家。由于寨子的集体资金和上级项目拨款有限，目前只能向房屋所有者提供较少的租金，但村干部明确表示，绝不会让寨里人吃亏，集体资金和项目拨款都会用于改造老房子，等20年租期结束后，还给他们的是一栋修缮后的房子。这些条件虽然不太优厚，可对于早已离开大寨在县城安家的人而言，倒也没什么损失。

第一批条件较好的老房子的升级改造工作开始了。这几栋老房子均为传统木结构，位置佳、风景好，且紧邻龙门的核心区域，距离"古村28渡"的运营团队不远，方便团队进行视频拍摄和查看工作进度。村干部还辗转请来了贵州师范大学的老师，负责整体风格的设计，从专业角度指导施工人员对民居进行改造。一番考察后，贵州师范大学的老师提出"修旧如旧"的改造原则：外观上一定要保持传统建筑的特点，同时也要考虑现代人对居住便捷性的要求，此外还要对房屋内部的隐私性、方便性有所考虑。这几条原则听下来，让人感觉"真是找对了人"。村里先拿出一栋老房子来做实验，设计师则根据房子的情况设计出了别有新意的"猪圈茶室"。"猪圈茶室"以前是个猪圈，位于主房的侧面，受山势的影响，看起来就像是在主房的脚下。废弃的猪圈是由石头搭建的，设计师在猪圈上，以原有的石头为基，新搭建了一座木头房子，可以坐下十个人左右的这座小房子没有使用传统的木地板，而是用透明的钢化玻璃代替，这样客人来了像是坐在"猪圈"上喝茶，所以叫作"猪圈茶室"。

除了修葺、改造老房子之外，设计老师还别出心裁地在寨子里规划了一座树屋。树屋位于龙门下方的两棵大树之间，游客既可以从龙门沿着巷道走下来，也可以从停车场直接开车过去。在树屋上可以看到层层叠叠的大寨村传统民居，还可以看到对面山上的风景，侧面则更有趣了，能清清楚楚地看到高速公路从脚下穿过，真有点想象不出，在宁静的夜里，躺在树屋中，山风伴着车灯闪过是什么样的感觉。

　　老房子选好了，专业的规划设计做完了，树屋也开建了，接下来的关键就是怎么干了。干事情需要人、财、物，缺一不可，在资金相对有限的条件下，只能按照传统的投工投劳的方式来进行，一方面可以解决人力成本的问题，另一方面也可以通过村民集体参与，重新唤起大家的"乡愁"，一举两得。不过，投工投劳毕竟短期看不见收益，做通群众的工作就成了艰巨的任务。

　　以投工投劳的方式改建老民居，并不能由村干部拍板决定，需要村干部挨家挨户地逐一解释沟通，再召开村民大会予以确定。这个过程相当艰难，因为大部分大寨人是户口在、房子在、人不在，家里老人在的还好些，年轻人隔三岔五会回家探望老人，老人进城长期居住的，其家人三五个月也不见得回来一次，根本没有见面的机会，更谈不上投工投劳了。村干部费了好一番功夫，才算把家家户户都通知到了，好在村民支持，毕竟这是寨子里每家每户都受益的事情。如果不发展民宿，老房子闲置在寨子里，不可能产生任何收益，木制房屋闲置时间长了会自然损坏，现在改造成民宿，不需要自己投入太多，又存在获得收益的可能，何乐而不为？大家纷纷表态同意投工投劳，并商议制定了具体规则，规定每家至少要出10个工（出工10天），家里没有劳力或者不方便回来投工投劳的，要出钱由村委会雇人代替。在按照排班表上工的基础上，各家可以根据实际情况调整出工时间，并安排专人记录出工的工时和完成情况，改造老房子的人力问题初步得到了解决。然后，就是资金问题了。

老房子改造工程的经费来自传统村落发展补助资金，这是从住建部门来的用于传统村落保护发展的国家资金，所以按照规定，资金的使用和运转必须以经济实体为主体，否则没办法将资金用到寨子上。为了解决这个问题，大寨村注册了贵州千重岭农文旅产业发展有限公司，注册资金由村干部和村后备干部出缴，作为原始投资，村民有意愿的也可以投资，最后按照出资比例确定股权占有，待文旅产业发展成熟，再按照整体营收进行股份制分红。贵州千重岭农文旅产业发展有限公司成立后，传统村落发展补助资金拨付到位，大寨村老房子改造民宿的项目总算启动了，但到真正动工的时候人们才发现，还缺一个能主事的项目经理。

项目启动之初，材料整理、工时计算、报酬发放等问题都由时任村委副主任吕川川负责。吕川川同时还肩负着繁重的村务工作，村委和项目两头兼顾让他压力巨大。钱款和账目都需要专人负责管理，寻找新的项目经理就成了亟待解决的问题。恰巧全长春回家休息了一个月，正要找事情做。在家休息的这一个月里，他看到了自己不曾看到的大寨村，人们对乡村振兴事业充满了热情，发展旅游、发展民宿、搞康养跑，还在建造树屋。寨子正在悄悄发生改变，全长春觉得这是一个机遇——谁说农村的孩子一定要进城打工？当村干部询问他是否可以出任项目经理时，全长春便欣然同意。在他眼中，现在大寨做的是一个乡村振兴的实验，他想要看看这实验能搞成什么样子。他常说的一句话就是"搞才有希望，不搞就是一点希望都没有"。全长春很快接手了吕川川前期兼做的部分工作，至此民宿项目总算是步入了正轨。

  全长春和堂兄弟全糠时不时会打电话互通有无，一次电话聊天中，全长春提到自己在村里负责民宿项目，这一下子勾起了全糠的兴趣。他早就听说寨子里在搞旅游、搞民宿、搞康养跑，可是因为常年在外务工，只有爷爷奶奶在寨子里，所以具体做了什么，也不太清楚。听说自己的兄弟都回到寨子参与其中了，正好可以仔细打听打听。听着全长春的叙述，全糠这才知道，德江大网红"古村乐乐"的短视频运营团队如今也来了大寨村，还为大寨村专门打造了"古村28渡"这个新媒体账号。聊着聊着，全长春提起"古村28渡"团队想再找一位摄像师，最好是熟悉寨子的本寨人。说者无心，听者有意。听到全长春的话，全糠想到了妹妹小兰。小兰全名全华兰，此前一直在影楼工作，有摄影基础。小兰长期独身在外，家人不放心，这次正好可以让她回大寨村来试试做短视频摄像。

  挂断全长春的电话后，全糠马上就给妹妹小兰打去电话，希望她去试试：一是当前抖音很火，如果能加入成熟的运营团队学习，于个人事业发展大有助益，二是小兰回家还可以顺便照顾年迈的爷爷奶奶。小兰听到哥哥的话刚开始并不动心，自初中起就在贵阳读书的她早已习惯城市生活，并不愿意回到大寨村吃苦，但是哥哥的一番话也引起了她的兴趣，便打开抖音搜索"古村28渡"，没想到瞬间就被其中一条视频吸引。那条视频拍的是寨里的人在银杏树下商量事情，衣着朴实、说着熟悉乡音的人们在激烈地讨论应该怎么安排工作。看到这里，小兰颇有些感慨，谁不想让家乡好呢？遂决定回村去试试。经过半个月的试用期后，小兰留下来承担了团队的拍摄工作。

  尽管小兰有一些婚纱摄影的工作经验，但在固定布景下拍摄静态人像与短视频工作室所需的拍摄动态视频还是有很大不同，所以需要一段时间的摸索和练习才能真正上手，并不轻松。之前吕川川也试过，但他负责的工作太多，因此学习起短视频拍摄来三天打鱼，两天晒网，没干多久便感到太难，只好放弃了。小兰学习的途径主要有两个，一是丁浪在拍摄时跟着观摩学习，二是专门通过为小侯拍摄视频实践学习。小侯是比在小兰早两个月加入公司的新员工，最初丁浪想安排她做其他账号的主播，但是由于突然增加了"古村28渡"账号，公司暂无余力打造其他新账号。加之小杜在大寨村独自一人负责后期，工作量较大，所以公司安排小侯先到大寨村学习视频剪辑，后期再灵活调整工作内容。小兰拿小侯来练手，有一个目的是帮助小侯提高镜头感，提前适应主播的角色。随着小兰通过试用期，"古村28渡"账号背后的团队（摄像师小兰、后期剪辑小杜和小侯）才算初步形成，丁浪的矩阵式发展蓝图又多了一块内容。

探索振兴之路

"古村28渡"账号在设立之初就有着明确的定位。除了展现乡村振兴风貌、推广大寨村旅游品牌，大寨村和德江县还希望"古村28渡"成为沙溪土家族乡和德江县的代言平台，帮助销售当地特色农产品。新团队也希望利用抖音平台直播带货，大力销售农产品，帮助村民增加收入，同时带动农业产业化发展，走向集约式、规模化、品牌化。这些愿景不仅对新团队提出了挑战，还要求德江县尽快建立自己的农特产品品牌，保证农产品的质量，保障物流通畅。

在做好农特产品销售的同时，团队期望通过视频展现的乡村风光，吸引游客游览。正在进行的旧民居改建与修缮工作，就是为了尽快建立旅游配套硬件设施，让游客们住得好、住得安心，为乡村旅游食宿产业打下基础。大寨村还计划开发露营基地、研学基地等，通过发展旅游业、服务业及相关衍生产业带动经济发展。

"古村28渡"账号也带动了村寨里的青年人返乡参与到乡村振兴的事业中。刘杰和丁浪希望通过视频的宣传，带动更多有知识、有素养、优秀的年轻人返回乡村建设家乡。乡村振兴的关键是人才振兴，而青年人才是带动乡村发展的主力军。相比吸引外界优秀青年来到村寨，他们更加希望吸引村寨土生土长的青年人回到村寨，经过一些培训与学习，投入乡村建设中。现在大寨已经有一些青年人回到村寨参与建设，通过视频的宣传，也有一些其他县镇的青年人回到自己的家乡，去奉献力量，这才真正达到了账号建立的初衷和愿景。土生土长的村寨人对土地有别样的深情，他们参与乡村振兴事业的热情和干劲能够感染更多青年人，而青年人是希望和建设的力量，所以如果每个乡村都可以号召村寨的青年人回乡参与建设，乡村振兴不用愁，实现只是时间问题。

带货、发展旅游业是"古村28渡"账号的经济目标。比起经济效益，刘杰和丁浪更加看重探索利用短视频账号的传播力量，打造乡村振兴的实践样本。脱贫攻坚结束，进入后脱贫攻坚时代，即乡村振兴的时期。不同于脱贫攻坚的点对点帮扶，乡村振兴目前没有明确、清晰的工作方法和评测标准，暂未形成成熟的体系，各地都在探索、尝试、实践，希望可以摸索出成功的模式。刘杰和丁浪就希望通过自己的探索，将大寨村的乡村振兴实践进行日常呈现，这样做既能传播乡村振兴实践的一些思路和方法，也可以与对乡村振兴有想法的粉丝交流，不断探索与改进。其终极目标是形成成熟的工作方法、评测体系，将成功的模式与经验传播到贵州省各个县镇的村落，每个村落借鉴其经验、方法，结合自身实际，走好自己乡村振兴之路。

第十章

向往的美好生活

沿着蜿蜒且狭窄的盘山水泥公路，穿过紧邻乌江的峡壁，按照指示牌在一个狭口转入乡间的水泥车道，再开上十几二十分钟，就会看见前路被一座卡门阻挡，卡门后便是中国传统村落——焕河。下车之后，人们能看到右侧有一座文化广场：两个已经安装好的篮球架，地面铺了一半的石砖，想来"古村乐乐"里的涛涛应该是每次都在这个球场打完球，然后带着一身薄汗去娘娘家吃饭的吧。文化广场正对面是以前的村小，现在的乡愁馆，乡愁馆的正面挂着三块牌匾。乡愁馆正门上方挂着的牌匾写着"中国传统村落 焕河村"，这个称号是2013年中华人民共和国住房和城乡建设部授予的。门左侧的牌匾是竖着的，写着"焕河传统村落保护发展协会"，门右侧的写着"共和镇焕河传统村落乡愁馆"。

焕河人的乡愁都寄存在乡愁馆里，乡愁馆内的三面墙摆满了置物架，上面放着各种从寨子里的人家收集来的老物件，比如马灯、蒲菜罐、陶罐、背篼、酸菜罐、绿豆罐、煤油灯、舞狮服装等。这些充满年代感与历史感的老物件分门别类整齐地摆放着，每个物件或者每几个相似物件下面都挂着一个黄色的塑料牌，介绍物品的正式名称、俗称、主要用途以及出产年代，比如正式名称为"蒲菜罐"的物品，主要用于腌制蒲菜。蒲菜每年六月会在中国南方低洼湿地大面积生长，属于野菜，口感清脆，季节性强，焕河的老一辈人会大量采摘蒲菜，将其晾干、切碎，放入罐中腌制。乡愁馆大厅内支撑房梁的柱子旁摆放着一些大物件，比如木制织布机、耕地的铧口、结婚用的花轿、木制靠椅。由于建筑本身及乡愁馆内部展品大多为木制品，考虑到消防安全，进门左侧的地方还摆放着一些消防设备，有六顶安全帽、四个灭火器、一摞消防服装等。

穿过乡愁馆，映入眼帘的便是景观长廊，长廊两侧是焕河人家的自留地，种满了形色各异的蔬菜瓜果。150 米左右的长廊设满了摊位，村民们纷纷将自己的拿手好"菜"倾情奉献给远道而来的游客朋友。

"娘娘来了！"

只见乐乐斜挎着一个菜篮从一旁的石阶上轻快地走下来，好像是要洗菜。游客们像是全身长满了眼睛一样聚集在水井旁，把乐乐围了半圈，另半圈则是为网红井留出地方，方便拍摄。

乐乐对此种场景或许已经驾轻就熟了，各种场面话说了一通，"非常感谢大家喜欢我、支持我，也非常荣幸能和大家一起拍照，但是呢，只有关注我才能一起拍照哦！""我看有些朋友已经拿起手机打开抖音了，顺便也可以关注一下另一个账号'黔东农仓'，一定要关注之后才能合照哦。"大家叽叽喳喳地排着队合影……

水井往上的小路直通张金秀奶奶家。虽然经常有游客到访，但焕河人家大多敞开着大门，从门口经过甚至可以一眼看清屋里的情况——一张四方桌，几把椅子，还有冰箱等电器，夜不闭户的说法在这里是真实存在的。

千年之变

2020 年 11 月 23 日下午，贵州省最后一批贫困县，紫云苗族布依族自治县、纳雍县、威宁彝族回族苗族自治县、赫章县、沿河土家族自治县、榕江县、从江县、晴隆县、望谟县退出贫困县行列。至此，贵州省66个贫困县全部实现脱贫摘帽，923万贫困人口全部脱贫，192万人搬出大山。贵州大地发生了千年所未有之大变，从全国贫困人口最多的省份转变为减贫人数最多的省份。2020年，贵州人民与全国人民一起，迈入全面建设小康社会的新阶段。

看中国的乡村发展、看中国的减贫实践、看中国乡村现代化的千年之变，贵州是一个很好的窗口，相比改革开放后快速工业化的地区，贵州很长一段时间内的发展速度都相对滞后，绵绵崇山阻挡了其接入现代化进程的步伐，在农村基础设施，包括交通和通信基础设施大幅度提升之前，不论是里面的人想外出，还是外面的资源想进入，都不是一件易事。要改变贫困落后的面貌，贵州需要付出更多的努力。几年前焕河村还是一个隐藏在大山深处的绝对贫困村，村民世世代代生活在这里，外界的战乱、动荡、运动，似乎与他们关系不大，重重大山让寨子近乎与世隔绝。焕河村守着一份岁月静好，却慢慢地与外面快速现代化的世界脱节。焕河人看到外部世界的变化后，几代人一起努力修路、通电，竭尽所能打通村寨与外部世界的联系，想要跟上社会变化的速度，他们真正想要的不是这一份岁月静好，而是与时俱进的美好生活。但是真正帮助焕河村打通与外界沟通的所有路径的是国家对边远贫困地区开展的大规模扶贫行动、精准扶贫战略和脱贫攻坚战。2011年以来，作为脱贫攻坚的重要阵地，贵州的基础设施建设突飞猛进，基本实现"村村通沥青/水泥路""组组通硬化路"。8000多公里的高速公路，1.2万座桥梁，2100多条隧道，9个市州全部通航，乌江4000公里内河航道复航，从根本上改变了贵州交通不便利的历史。作为经济后发省份，贵州省着力建设国家大数据综合试验区，建设全国一体化算力网络国家（贵州）枢纽节点，搭上互联网＋经济的高速列车。

如果没有国家扶贫攻坚的政策，寨子难以得到改善基础设施的机会，如果没有短视频平台，偏远贫困村也难以变成网红村，让数以万计的粉丝通过手机屏幕，欣赏到原生态田园，怀念那一丝乡愁。当然除了国家政策的支持和贵州省委省政府的产业布局，焕河村的迅速变化也离不开当地人的积极主动、锐意进取。人民群众想要过上好生活的愿望一直没变，也一直没有停止尝试。源源不断的人流翻越重山到外面去讨生活，他们带回家的不仅仅是工作报酬，还有山外的理念、信息和生活方式。随着脱贫攻坚和乡村振兴战略的相继实施，越来越多有能力、有想法的年轻人，愿意带着技术和资金回到自己的家乡，建设家乡，美化家乡。互联网时代，人们拿起手机，拍摄家乡，宣传家乡的产品和美景，既卖出了家乡的产品，让当地农民增收，也把农村产业现代化的理念带进来，把农产品的种植、加工、批发、销售、运输和售后串联起来，促进农村产业升级。对家乡美景的宣传也撬动了当地农业文化和旅游的深度融合，弘扬了贵州独特的多民族传统文化，吸引游客，绿色增收。

贵州农村的千年之变是中国乡土空间接入现代化轨道的缩影，是生活在这片土地上的人们砥砺前行、不懈努力收获的硕果。回顾焕河村的历史，可以帮助我们理解这片土地所经历的变革，理解生活在这片土地上的人们经历的艰难险阻和对这片土地的深沉感情；回顾丁浪团队的不断尝试，可以帮助我们理解数字经济和现代化为这片土地带来的活力和生机，为生活在这片土地上的人们带来的富足和欢乐。《礼记》中的一篇文章《礼运》描述的大同社会与此时的焕河村和大寨村相似，"货恶其弃于地也，不必藏于己；力恶其不出于身也，不必为己。是故谋闭而不兴，盗窃乱贼而不作，故外户而不闭，是谓大同"。大同社会——这种曾经只能在古文中看到的情景，就具象化在眼前。

道阻且长

但焕河村和大寨村当下和未来的发展都还有一些值得人们反思之处。其中最值得思考的是，在乡村振兴中如何动员各个参与主体的积极性，比如政府、村寨、居民，还有商业运营团队，尤其是协调好他们之间的利益关系，才能形成多元主体协同参与的合力。就政府和商业运营团队的关系来说，政府和丁浪团队的关系最早能追溯到全太刚还在共和镇做镇长时，那时全太刚只是知道有个年轻人在寨子里创业，对于他在做什么以及新媒体行业是什么都不了解。丁浪对全太刚的印象是"属于不支持也不阻拦"，他还尝试站在地方政府的角度来理解问题："因为从政府层面上来讲的话，因为我刚开始去嘛，他也对这个事情不是特别了解，其实他也看不准这个东西，因为他不是这个专业的，他总说你可以搞，这个没关系，你搞你的就可以了。""古村乐乐"火起来以后，全太刚已调到沙溪土家族乡任书记，新的镇长依旧没有给予太多的支持，丁浪和新镇长也简单沟通过，但从新镇长的角度来看，丁浪团队目前在做的事情只是全镇发展中的一件小事，未能成功引起政府部门的关注和支持，镇政府依旧延续着"不支持也不阻拦"的态度。

丁浪倒也不会主动去寻求政府部门的支持,"我基本上不会主动找上级政府,更多的是他(政府的人)来找我。他主动来找你,可能会比较好谈一点,因为他意识到这个问题了。如果你去找他的话,可能反而不太好,你去找他的话他可能会觉得你这个事情还没有做到那个程度"。对于市、县的支持力度不大这件事,他也有自己的理解,"目前来讲,包括县级政府或者市级政府,其实它们都不太好支持。再说财政还不是很富裕"。确实,当前还没有针对新媒体创业企业的补贴可供申请,政府资源支持的项目制运行方式给予"野生"创业团队的支持有限,比如可以花几千万建一个不堪大用的政府项目——电商园,却不能用资金真正支持有需要的创业团队。另一方面德江县政府在脱贫攻坚时期已是超支了未来的发展资金,县财政十分紧张,一时半会儿拿不出更多的财政资金加大投入。对于政府支持,丁浪的想法是:"其实我个人觉得我们跟政府这边不用特别密切,我们自负盈亏,我们自己能赚钱,不一定是靠他们给我们一些支持,只要他不反对我们就行。"

虽然是"野生"的创业团队,但德江县经常会拿焕河村丁浪团队作为宣传的典型案例,一些部门也会主动找上门,借助网红开展一些宣传教育工作。这些官方需求一般都是地方政府部门直接联系丁浪,丁浪再安排"古村乐乐"拍摄团队配合。但是地方政府部门更多的只是为了完成宣传工作,未能给团队带来实质性的资源支持。例如县消防队来找乐乐拍摄宣传片,想要通过将消防宣传融入短视频的方式来扩大宣讲范围。消防工作人员融入短视频拍摄的方式是穿插几个镜头,比如在熏腊肉的时候假装路过,善意提醒注意用火防火,做一些消防知识的宣讲，或在路边偶遇村民，发放防火的宣传手册。乐乐吐槽丁浪不懂得拒绝，一味地配合官方宣传，会对"古村乐乐"账号的运营造成一定的干扰，耽误拍摄和直播的工作进度，却无法获取运营账号所需的支持和帮助。"消防队今天来就只提了一兜子苹果。"乐乐抱怨道。不是不懂拒绝，是丁浪需要足够的发展空间，在他朴素的理解中，"现在是政府领导一切"，一般官方的、公益的宣传需求都应该尽力配合，但如果是商业性质的植入，一条视频最少也需要收一万块钱。

正是这种商业运营模式让丁浪团队和焕河、大寨村落之间存在着一些隔阂。焕河村和大寨村都属于耕地数量少且不连片，因而农业产业发展条件不足的村落，丁浪团队依托这两个村寨运营的"黔东农仓"、"古村乐乐"和"古村28渡"这三个抖音短视频账号，几乎没有在直播中销售过本村寨的农产品。并不是团队不想卖这两个村寨的农产品，而是基本没有可以拿来销售的成熟产品，故而与其他一些背后有本地农产品合作社支撑的短视频运营团队不同，在直播带货层面，丁浪团队与焕河人和大寨人之间的利益关联度比较低。

"黔东农仓"、"古村乐乐"和"古村28渡"三个账号的流量给焕河村和大寨村带来的收益更多的是游客在寨子里游玩时所产生的吃喝玩乐消费。比如，焕河村的"长廊经济"和大寨村打造的民宿、康养跑，但这些收益和丁浪团队也没有关系。作为规模较小的创业公司，丁浪团队也没有途径参与到两个村寨的发展规划中。焕河获得宜居农房建设试点等项目的200万元资金，这笔钱被用于改建停车场、污水管网和改造11栋民居等，后续又有政府资金投入，支持焕河村建设农产品展销中心（20万元）、移动舞台（10万元）等。200万元对于丁浪团队而言，可以说是一笔"巨款"，可即便是农产品展销中心和移动舞台这些看起来可以和短视频结合的项目，丁浪团队也无力介入。拿不出资金投入村寨的发展，自然在寨子的规划发展上没有话语权，因此，村寨和丁浪团队之间的关联度很弱，正如一些寨子里的干部说，拍短视频对寨子做的直接贡献是有限的。可见，村寨主导的项目，如农产品展销中心、移动舞台和"黔东农仓""古村乐乐"账号的运营并没有融为一体，形成的合力也相对不足。

对此，丁浪团队也无可奈何，他们对于焕河民居改造工作的印象是"刷漆"和"加瓦"。"刷漆"是指统一装饰砖房和木制民居的外立面，如对传统木制民居的外墙进行改造，用统一的红漆刷木房的外立面，使村寨中的房屋颜色看起来更加统一和鲜亮；传统村落保护规划施行之前村民自行修建的砖房也要进行外立面改造，刷上一层仿木纹的漆，让砖房显得不那么突兀。"加瓦"则是对传统民居的屋顶进行修缮，补修漏雨处和缺口处。这些改造和修缮工作都是由县乡村振兴局统一实施的，村委会主要是配合和监督，并不参与商议、制定改造方案。聊到此处，丁浪开着车都在摇头和叹息。丁浪觉得，传统村落改造工程外包的做法不妥，寨子里老百姓的积极性不足，内生性力量未能调动起来，传统民居改造变成了"一群没有审美和设计（能力）的外人瞎搞"，这跟团队想要打造的原生态田园风格也不太搭。

尽管毫无话语权，但政府对传统村落保护的投入，对丁浪团队的发展客观上是有很大帮助的。寨子里基础设施和生活环境的改善，能够使前来游玩的旅客有更好的体验，自然有助于短视频账号的运营。客观地说，目前焕河村和大寨村的游客体验与4A级或者5A级景区无法相提并论，没有足够多样的风景和体验项目留住游客，甚至在公共服务上面也面临着挑战，小到垃圾桶、洗手间，大到停车场、民宿条件，焕河村和大寨村都尚未做好十足的准备。比如寨子虽然为游客建设了公共卫生间，但数量不足，常常需要排队，也没有专职清扫公共卫生间的人。有时候丁浪会听到游客嘟囔着抱怨："下次让我来我也不来了，还没有我们村搞得好。"

丁浪有时候会借机和游客聊两句。

"所以说你们也是刷到'古村乐乐'那个账号的视频来的吗？"

"是呀，抖音界面不是可以看附近吗？所以有时候它就会给我推，视频里面的景看起来是真的好看，但是一到现场好像也没什么，也只有那一口井，看完就没了。"

"那你们是怎么来的呀？"

"我们开车来的，家就在县城，一个多小时就能到，要不是那个近道在修路，时间会更短一些。"

大多数游客来到焕河村看一看网红井和网红人，到大寨村体验一下"猪圈茶舍"，行程也就结束了。尽管目前两个村寨的旅游产业还处于起步阶段，游客体验与规划设想的有差距，但在发展方向上，村寨和丁浪的短视频团队是有共识的。大寨村搞起来的山地马拉松、康养跑号称万人打卡，还结合了德江特色农产品展示和民宿推荐等活动。焕河村的赵健涛说："来做乡村振兴的第一书记，说实话有一部分原因是他（丁浪）。他们（丁浪团队）在这儿创业，我们有责任把人居环境，把项目推进好，这样才能持续打造网红账号、网红村。农村有一句土话是'船要靠水，水要靠船'，是他们给我们带来的流量，给我们带来的机遇，我们一定要抓住机遇，也帮助他们继续发展，实现共赢。"但如何协同发展，打造合理的利益共同体依然需要新思路。

丁浪有一个梦想，那就是凭借自己团队的能力，打造出更多的抖音短视频网红账号，实现贵州省 88 个县，每个县都有一个网红账号，带动县域农特产品销售、旅游业发展，最终实现经济收入的增长。之所以希望为 88 个县打造网红账号，采取矩阵式发展模式，是平台运营和团队发展的现实需求。当前抖音平台以乡村美食、田园美景为调性的账号比较多，小团队运营的账号，在快速涨粉达到一定规模后，会出现停滞，遇到瓶颈。且单个账号粉丝的增长存在瓶颈，每个账号直播带货能力有限，运营收入也是相对有限的，难以支撑大团队的运营，只能分成小团队独立运营，维系团队自身的生存和发展，保持账号的持续运营。说起来，每县一网红的矩阵式发展策略何尝不是一种无奈之举，毕竟在算法规则之下，突破瓶颈对一个创业团队而言真不是一件容易的事情。好在，丁浪在梦想中前行，他的矩阵现在快形成六边形了。

焕河村和大寨村都错过了工业社会发展的重要阶段，直接从农业社会进入数字社会。如果没有互联网科技的发展和网络平台的兴起，张金秀奶奶、乐乐、焕河村、大寨村可能永远不为人知。数字社会给传统村落的复兴提供了机会，也为乡村振兴提供了一条可以探索前行的路径。探索前行的过程，应当是多元主体共同参与的过程，尽管目前各级政府、村落、村民、短视频运营团队的利益、认同和协作还没有深度链接，形成社会学意义上的共同体，但"和而不同"亦是一种真实，乡村振兴中的各个主体扮演着不同的角色，不同角色的职责、利益、情感的表达是真实的，也是现实的，或许只有兼顾不同主体权益的协同发展，才能够实现"各美其美，美美与共"的乡村振兴，实现"大同社会"。

后 记

用兴趣连接城乡

农村现代化

大同社会的想象过于抽象，中国式现代化则继承和发展了大同社会对美好生活的理想追求。党的二十大报告擘画了新时代中国特色社会主义的宏伟蓝图，昭示着我国进入全面建设社会主义现代化国家的新征程。中国式现代化是人口规模巨大的现代化，是全体人民共同富裕的现代化，是物质文明和精神文明相协调的现代化，是人与自然和谐共生的现代化，是走和平发展道路的现代化。习近平在中国共产党第二十届中央政治局常委同中外记者见面时指出，"中国式现代化是中国共产党和中国人民长期实践探索的成果，是一项伟大而艰巨的事业"。首先，中国从传统走向现代化的历程漫长、复杂且极其艰难，传统中国所具有的一些特性和优秀文化仍旧对中国式现代化有着深远影响，例如地域辽阔又人口众多决定了中国式现代化是人口规模巨大的现代化，中央集权的大一统性与地方治理的灵活性为国家治理体系和社会治理能力现代化的实践提供丰富经验。中国式现代化是植根于中华优秀传统文化土壤上的现代化。悠久深厚的中华传统文化，不仅滋养着当代价值观，而且为大力推进中国式现代化提供了充足的养分。其次中国式现代化有别于西方现代化的"串联式"发展方式，中国式现代化具有"并联式"特征，即发展时间的高度压缩性、发展任务的高度叠加性、发展要求的多重协调性和发展战略的后发赶超性，在迈向人的现代化时，我们要同时面对和解决农业社会、工业社会和后工业社会的人的发展问题。因此，达成中国式现代化的目标，必须继续依托基于中国国情实际和中国人民实际的实践。

农村现代化是中国式现代化的重要面向。习近平总书记高瞻远瞩地指出，没有农业农村的现代化，就没有整个国家的现代化。中国的现代化离不开农业农村的现代化。焕河村和大寨村实际上为中国传统村落的现代化提供了可以借鉴的模板，在缺少农业产业化条件的地区，乡村振兴必须向文化旅游方向转型，其核心要义在于两个"基础设施"。

一个是乡村的硬件基础设施。焕河村和大寨村有一个共同的发展特点，那就是在被评选为"中国传统村落"之后，政府给予了较大规模的基础设施建设投入。算下来，这些年政府在焕河村改造道路、改造房屋、改造电路、新建设施等基础设施项目上已累计投入超过400万元。大寨村虽然起步较晚，但这些年政府投入的资金估计也有300万元。这还没有算上政府在道路、饮用水、电力设施等方面的投入，最令人激动的是，在焕河村和大寨村现在还能收到5G信号。可见，如果没有政府投入的不断加持，即便在抖音短视频里焕河村再火，人们也进不来，美好的原生态田园生活便成为虚无的、与现代社会隔绝的"世外桃源"。可以说，政府对基础设施的投入为焕河村和大寨村转向文旅兴村提供了重要的发展契机。

另一个"基础设施"是网络平台。进入数字社会，互联网是人们生产生活中必不可少的工具，无论是同焕河村和大寨村一样往文化旅游方向转变的村寨，还是依靠传统农业发展的地区，网络平台的基础性作用都不可忽视。在全球短视频爆火的"风口"之下，焕河村和大寨村的原生态田园和"乡愁"题材作品成为数字社会中人们了解乡村生活最简单、最直接的路径。可以说，网络带来的不只是直播带货的机会，更多的是让社会关注到乡村生活的美好和恬静。

这两个"基础设施"可以说是相得益彰，如果没有政府在扶贫攻坚和乡村振兴中的大规模投入，即便有网络流量，能给人们呈现的也只有乡村的衰落萧条和破败不堪；如果没有网络平台及其背后的流量，政府用于改造乡村、田园的大规模投入就不会引起大众的关注，很多投入只能算作沉没成本，难以产生更大的经济效益和社会效益。在后脱贫攻坚时代，乡村振兴还没有明确、清晰的工作路径，各地都在积极地探索和实验，希望寻找到合适的发展模式。焕河村和大寨村目前可被视为数字时代探索乡村振兴的"成功"样板。

农村电商

丁浪、张奶奶、刘杰因短视频相遇，短视频给焕河村和大寨村带来新机遇，这些在个人层面是一种偶然，但是如果我们将视线投向中国农村电商的发展历程，就会知道这是农村中国式现代化发展的一种必然。

1994—2005年，农村电子商务的形式主要是涉农电子商务。1994年我国开始实施"金农工程"，此后随着互联网技术和电子商务应用的发展，一大批涉农电子商务网站从无到有地发展起来。2005年，中国第一家农产品网络零售商"易果生鲜"上线，农村电子商务发展迈入新阶段。这一阶段农村电子商务的形式主要是农产品电商。不少企业开始涉足农产品电商领域，创新了商业模式，农产品网上交易量快速增长。但是由于当时农村地区的物流、冷链、通信等基础设施尚不完善，实际上电商并未在农产品销售中发挥特别大的作用。2013年后，伴随农村基础设施的不断完善，农村电子商务快速发展，2015年的中央"一号文件"首次出现"农村电子商务"，并确定了农村电商示范工程，农村电子商务从原来侧重经济效益，转向助力农村经济社会的全面转型。农村电商近年来呈高速发展态势，商务部和农业农村部数据显示，在农产品销售方面，从2016年到2023年，农产品网络零售额从1589亿元增长到5870.3亿元。

  农村电商成为拉动农村农业经济，提高农民收入和生活水平的新动能。农村电子商务的腾飞有三大基础，首先是农村互联网基础设施建设的完善，尤其是移动互联网的迅猛发展，使得手机在农村快速普及。其次是农村其他基础设施的完善。想要在互联网上完成一次农产品销售，除了需要连接互联网以外，还需要交通、电力、物流和仓储等基础设施的支持。通路、通光纤、设立快递服务网点、建立电子商务服务中心等扶持政策实现全国农村地区电商管理与物流配送网络全覆盖。再次，电商扶贫工作的大力推进，不但为农村贫困地区完善了基础设施服务，还带去了现代农业管理技术，让农村地区，尤其是贫困地区根据自身实际情况，因地制宜发展特色农业产品，进而引入标准农业概念，为产地认证、质量追溯、冷藏保鲜、分等分级、产品包装和冷链物流都制定相关标准，实现农产品的标准化、规模化和品牌化，助力农村地区特色产业的可持续发展。此外，社会力量，如电商平台、农业企业、行业协会等积极参与农村电商发展，提供相关信息、技术和知识，开展培训和帮扶，赋能农村群众实现自主发展。因而农村电子商务不仅能够解决农产品销售的渠道问题，更能通过互联网推动农村的产业发展现代化，从根源上赋能农村农业发展。

"短视频+直播"与兴趣电商

目前"短视频+直播"的农村电商发展模式逐渐成为热门。"短视频+直播"的形式有别于传统的农村电商消费模式——产品+互联网销售+消费者，而是以内容生产为依托，内容生产主要以农村的生产、生活、文化传统、习俗和景色等为核心内容，建立消费者与乡村空间的有机链接，再对受众宣传乡村空间可以提供的产品——农产品、旅游产品、文化产品等，进而促进消费的模式。直播带货作为一种新型的电商模式，被普遍认为起始于2016年蘑菇街直播功能的上线。随后淘宝和京东相继入局，2018年抖音、快手也加入直播带货行业。区别于传统电商场景，直播带货提供了一个视频化、动态化的虚拟商业场所。有人认为直播带货类似于电视购物，但是相较于电视购物，直播带货具有互动性，主播可以通过观众的留言即时解说和展示，调整直播选品策略，激发受众潜在购物需求。此外，因为直播的两端——观众与主播之间的实时互动可以降低交易过程中的信任成本，真实商品的直接展示和讲解缩短了用户的搜寻时间，优化了购物体验。另外，直播带货也有催发和优化生产链的功能。消费者数据的精准、及时反馈可以使生产和物流环节的精准度提高，降低经营风险。

在国家农村发展战略的指导下，平台公司纷纷将短视频＋直播这种电商形式带入乡村地区，为"数字下乡，农货上行"搭建了新平台，形成新业态。而抖音电商回归"没有难卖的优价好物，让美好生活触手可及"的使命初心，打造"兴趣电商"，以消费者的兴趣点为引领，以内容为依托，既满足消费者的兴趣，又在一定程度上助力农业经营主体提高收入、降低农业经营主体生产生活成本、提升农业经营主体能力素养，从源头助力品质农货出村进城，促进地方农特产业发展。

从2021年9月到2022年9月，抖音电商助力销售农特产，总订单量达28.3亿单，平台三农电商达人数量同比增长了252%。据统计，这一年抖音电商直播间里农产品讲解总时长达到了3195万小时，三农电商挂车短视频播放量为2873亿次。而2022年9月至2023年9月，数据进一步增长，抖音电商共助销农特产47.3亿单，抖音电商里挂车售卖农产品的短视频数量为2186万条，直播间里农特产商品讲解总时长达3778万小时。[1]

为了更有针对性地深入农特产原产区助农，抖音电商"山货上头条"助农项目深入各地，借助全域兴趣电商，让远在各地乡村、尚未被更多人看见的优质农特产出山，走向全国消费者和更大的市场。"山货上头条"已在2022年先后落地福建、贵州、湖北、广西、四川、重庆、云南等地，在招商培训后，平台有针对性地推出线上专区

---

[1] 数据来自《2022丰收节抖音电商助力乡村发展报告》和《2023丰收节抖音电商助农数据报告》。

推广地方农特产。丁浪团队的几个账号就是这个项目中的佼佼者。经过抖音扶贫达人训练营的培训后，丁浪拍摄的短视频生动地展示了焕河村和大寨村的美丽风土人情，提升了消费者对当地农货的关注度。丁浪团队也根据消费者的反馈，将农货市场信息及时传递给村民，以长期规模化运营扶持、助推农民增收、农业增效。

助农电商的兴趣基础：与乡村相连

直播或者短视频直观地呈现乡土景观，展现农产品的生产过程，唤醒现代城市居民对传统乡土文化的情感，激活人与土地、自然的"链接"，提供城市里缺乏的情感价值，挖掘人们对农产品和农村文旅的兴趣。更重要的，是乡土景观中真实的人。在乡土空间里生产和生活的人们，拿起手机，主动地将摄像头对准自己的日常生活，讲述悲欢喜乐，实时、动态地为城市居民展现真实的乡村自然景观、民风民俗、生活场景和传统文化景观。通过平台数字技术，通过以乡村空间为核心内容的生产唤醒城市居民的乡愁和对乡村的美好向往，进而生成人与人的情感链接。

中国的农耕文明有漫长悠久的历史。在这片土地上，几千年来华夏人民春种秋收，日出而作，日落而息，编织了中国乡土社会绵密的网。乡村和土地，是历史上绝大多数中国人日常生活的底色。人们世世代代在这一空间里，搭建村落、民居，修整农田、菜园、风水林，修建庙宇、桥梁、道路，组成"乡土中国"这一意味悠远的物质景观。同样，人们世世代代在这一空间里繁衍生息，婚丧嫁娶，庆祝祭祀，交易买卖，人情往来，织造"乡土中国"的人文景观。乡土是中华文明的摇篮，也是中国人的精神港湾和文化家园。家园之所以成为家园，是因为这一空间里人与人、人与自然互动的每一件微不足道的小事累积成直接而真实的地方经验，这种地方经验又为空间界限内的每个人提供了亲切感和美感，即地方感。

乡土景观是机动的、暂时的、变化的，最重要的，是适应的。乡土景观是生活在土地上的人们无意识地、不自觉地、无休止地、耐心地适应环境和冲突的产物，是人与自然、人与人深度交互的产物。乡土这一意象带给人们的幸福感来自人对其所处的自然和社会文化环境的归属感和认同感。认同感虽然没法被简单地定义，但它源自人类本能，贯穿人类日常生活，蕴含于人的经验之中，见诸人之所见、所闻、所感。在一个地方的共同生活和共同经历会塑造一个群体的共同信仰和共同习惯，打造带给人安全的归属感。认同感和归属感像茫茫大海上的灯塔，为个体、群体乃至民族提供定位，抚慰漂泊不安的心灵。即使是离开这个空间去远方的游子，对于乡土情结的不自觉的深度认同，也会使他们在再次目睹空间中的人、事、物的景观时，获得慰藉和欢愉，以及现代洪流中一处可以歇脚的桃花源。

快速的城市化意味着快速流动的生活，在流动的生活中寻求锚点和锚点带来的持久性是人们对抗无常和不确定性必有的心理机制。现代化的进程裹挟着所有身处其中的人，在都市的钢铁丛林里，高楼遮挡天际线，地铁上的灯光可以照亮上班族的匆匆脚步，但却照不亮人们无处皈依的心灵。短视频打造的平缓、闲适和自然的乡土成为匆忙生活的人们的舒缓剂。远方有诗，有田园，人们向往的"久在樊笼里，复得返自然"的情感得以满足。短视频中呈现的砖瓦竖梁、牛马鸡羊、民风乡俗，总有一点能触动深埋心中的乡愁，让匆匆流动的"无根之人"的情感落地。

更为重要的是，中国的现代化进程有其独有的特征，尽管在快速工业化的阶段，乡土空间出现了一定程度的空心化。但是现代与传统、城市与乡村间的有机联系从未断裂，对城乡协同融合发展的追求一直未停歇。中国的现代化进程一方面吸收科学技术和现代启蒙理念，推动经济运行和行政管理运行的理性化、契约化，另一方面也持续扎根在中国大地，汲取中华优秀传统文化的养料。国家对于"三农"问题的重视和投入极大地改变了农村的面貌和人们的生活。当人们再看向农村时，农村不再是愚昧、落后、贫穷、破败、衰老的代名词，而是"希望的田野"，在那里，人们安居乐业，传承文化，亲近自然。正如布莱兹·帕斯卡尔曾说的："人应该诗意地活在这片土地上，这是人类的一种追求理想。"中国人的乡土基因和中国文化的乡土源流，或许也可以解释为什么现在乡村内容可以在众多短视频类别中爆火。越来越多的内容生产者将目光投向乡村，拍摄乡村的美景、村落、美食，也有越来越多的乡村人拿起自己的手机，拍摄身边的日常生活，从农作物的耕种收获，到原汁原味的饭菜烹饪，从洒扫除尘、过节走访，到制作传统家庭用具。这些短视频为人们呈现了乡土生活的质朴，乡村风光的旖旎、磅礴，乡土文化的温暖，打造了充满诗意的乡野乌托邦。

随着影像技术的发展，视觉传播渗透到人们的日常生活中，逐渐成为信息接收的主要媒介手段。正如美国学者丹尼尔·贝尔所指出的:"当代文化正在变成一种视觉文化,而不是一种印刷文化,这是千真万确的事实。"短视频这一新的内容呈现形式大大提高了农民群体的传播力,在传统媒体中沉默或经常作为"他者""客体"被凝视的乡土空间、人群掌握了主动传播的能力,通过新媒体表达自己,并获得了广泛认同。在移动互联网用户超过10亿、农村网民超过3亿的今天,农村网民群体已经成为一个不可忽视的存在。短视频平台,特别是主攻移动端的短视频平台为农村网络用户提供了活动的舞台,成为他们表现个人才艺、记录生活、宣传家乡文化和农产品、增收致富的重要手段。农村短视频的内容设计、场景搭建和拍摄都掌握在农村网民自己的手中,拍摄的内容都以"我"作为主视角,扭转了被凝视的客体地位,带来了社会视角的转向。观众和粉丝实际上是通过手机,从农村网民的视角去欣赏和感受乡土生活。

抖音平台主要是基于内容生产的短视频平台,农村短视频的内容则主要侧重呈现乡土生活,例如生活日常、生产日常、乡村美食、乡村美景、乡土文化风俗等。农村短视频一般采用全景式拍摄,突破了传统媒体的空间维度,让观看者置身于一个虚拟的现场中,全方位、多角度地观赏农村日常生活、邻里交往、田间劳作等场景。例如乡村美食类的短视频,并不仅仅呈现食物制作的过程,还经常囊括农作物的种植、采摘、食材获取、处理、家人、朋友相聚吃饭、聊天等内容,人物丰富,场景丰富,互动和谐,氛围轻快,展示农村的烟火气和人情味,带动受众情感。短视频内容创作也非常注重对人的塑造,即所谓"人设"。短视频中的人物生活态度积极向上、平静淡然,人和人之间的互动充满温情,人们互助友爱、亲情浓厚。尽管许多农村短视频拍摄技术粗糙,场景也不那么精致,但是正是这种略显朴拙的呈现手法反映了真实的乡村环境、恬静融洽的田园生活，为城市受众提供了一个情感乌托邦。

但是想要充分发挥短视频的影响力，获得更多关注和喜爱，不能仅停留在以"我"为视角的简单日常分享中。打造"三农"短视频品牌，才能使内容传播具有可持续性，对农产品和旅游的宣传起到持续的助力作用。所以在短视频的拍摄过程中，形象设计、形象整合所涉及的人物选取、形象塑造，与观众的交互体验等都要受到内容创作者的重视。一个成功的短视频品牌塑造的关键在于人设和主线。人设就是人物形象设计，一个可以持续发展的短视频的品牌的主要人物，即主播、副主播和助播必须有明确的人物性格定位，有统一的行为逻辑，尽量避免 ooc（out of character，意为人物行为不符合预期），这样才能使得短视频的内容生产具有持续性和协调性。因为农村短视频的内容生产主要是反映农村普通人的生活，所以人设需要与农村人物生活的社会环境、场景相符。另一个关键要素是拍摄场景的设置。农村短视频的兴起得益于人们开始怀念儿时记忆，追求自然和谐的乡土风光，追寻乡土生活中的温馨舒适，所以场景设置上一般都会选取乡村生活中的典型意象：青山绿水、乡土禾田、邻里老屋、瓜果牲畜等。现在许多农村短视频内容创作者倾向于在一个或者几个固定场景中出镜，加强观众黏性，塑造品牌记忆点。

除了人设和场景的呈现，人物的互动是承载亲缘关系和家庭互动的乡土符码。对农村群体而言，乡土身份不是孤立的，家庭、乡邻间的亲缘性都是组成乡土社会的重要关系，是乡村的非物质形态。通过对乡人关系、互动的呈现，乡村短视频的内容得到了丰富。乡人们作为妻子、母亲、儿子、朋友等，在短视频创作中进行积极的关系景观建构，增加景观建构层次。乡村短视频在景观的建构上回应了对这种关系的想象，景观化的乡村家庭展演出中国传统大家庭的美满和谐、紧密联系。人物的互动，不仅是美好的情感互动，而且还通过动态的互动场景使乡村风光和平面化的人物生动起来，以关系互动呈现乡土价值观和乡村社会共识，相较于新奇独特的乡村风光，展现更具温度的人情冷暖，实现对乡村景观更深层次、抽象化的建构。在打动人心的关系互动中，受众得以与遥远的乡土建立更牢固的情感联结，使乡村景观成为抚慰乡愁孤独、现代性焦虑的心灵原乡，乡村短视频对关系想象的满足使其对乡村景观的建构达到更深的层次。

  这些发生在贵州大山深处贫困村落的故事要告一段落了，需要延续的内容还有很多。焕河村从地处天地隔江山的偏远乡村，到置身于互联网时代的视线中心，从被抛之于身后的穷乡僻壤，到成为人们向往的山清水秀的心灵疗养地，其中的跨越正是农村现代化的缩影。但是，成为"网红村"只是现代化进程中的一个可喜的节点，后续的路程仍旧充满挑战。首先，互联网时代的视线既奢侈又廉价，奢侈在获得视线很难，廉价在维持视线也很难。人们的热情和注视来得快，去得也快。如何通过互联网获得持续的关注，以及如何将关注转化为持续的发展动力，不仅是焕河村的挑战，也是许多这样的"网红村"需要思考的问题。其次，尽管现在焕河村的交通和基础设施得到了极大的改善，但是真要说起来，从县里开车过来仍旧需要花费不少时间，而焕河村所处的贵州山区，真真是地无三尺平，想找个大点平点的地方规划停车位都比较困难，而且居住条件无法满足旅游的需要，景色景观也比较单调，很难吸引游客多待几天，更别提再次游览。此外，旅游业受经济社会环境影响而波动巨大，例如在前几年，受新冠肺炎疫情的影响，有相当长一段时间游客寥寥，刚刚开起来的小卖部也关闭了。而当地的农业条件也很难支持特色农产品的大规模种植和运输，怎样为村庄开源始终是区位优势不佳的农村需要考虑的发展难题。再次，村庄的振兴本质上还是在人，人的外流，尤其是年轻人的外流是大部分空心村发展动力不足的原因。年轻人返乡不但可以给村里带来外边的技术，更重要的是能带来人气和活力。但是，年轻人回来后能否留在村里，归根结底还是要看村里能不能提供年轻人需要的工作机会和生活条件。丁浪们愿意带着技术反哺家乡，全家青年愿意回家乡试着创业，但是当因种种原因无法保证工作机会，当年轻人的子女需要上学，当年轻人的父母需要好的医疗条件的时候，可能年轻人还会选择再次走出村子，去可以提供这些条件的地方。这是客观现实，如何在年轻人返乡后留住他们也需要深思。农村的现代化最终走向何方？是成为处在乡野中的城市，城市浮躁心灵休养的后花园，现代高科技农业的承载地，令人魂牵梦绕的落叶归根之处，还是流浪城市无所居后的留身所？这可能是需要我们共同在现代化过程中通过实践去解答的问题。

附录一

关键人物关系图

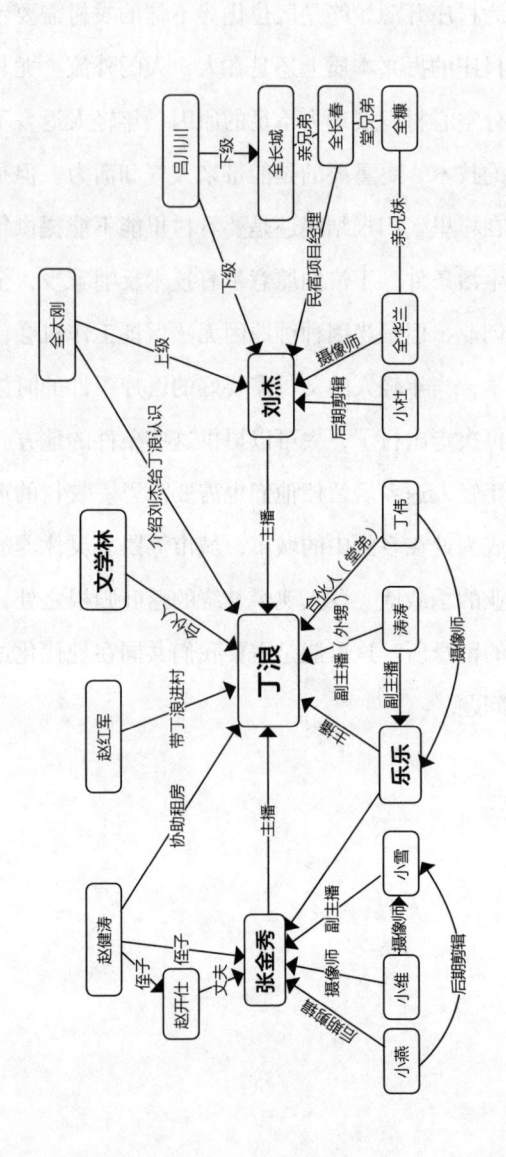

附录一　关键人物关系图

附录二

人物信息表

人物	所在集体	简介
张金秀	焕河村	"黔东农仓"主播,赵开仕之妻。
赵开举	焕河村	"第四饭厅"曾经的所有者,祖上做官,家境殷实,赵武容之父。
赵应江	焕河村	焕河村最早种植蓝靛草、开办染厂的人,家境渐超祖产丰厚的赵开举家,赵开旭之父。
赵开瑞	焕河村	农业生产互助组组长,初级社、高级社时期的社长,赵武宜之父。
赵武容	焕河村	十四岁外出参军,20世纪60年代初退伍返乡,被安排到信用社工作,日常在村办公。
赵开旭	焕河村	因土改时家庭成分不好,受教育水平不高,但热爱读书,属于村中能人,最早带领村中青年外出务工,后担任过村委会主任,组织申报中国传统村落。
赵开选	焕河村	1945年考入省立遵义师范学校,后因经济原因退学返乡,开办焕河村第一间私塾,是早期调解小组等民间组织的关键成员。
赵武全	焕河村	1945年考入省立遵义师范学校,土改时期被分配到外地工作,后留居当地。
赵开凤	焕河村	1945年考入省立遵义师范学校,土改时期被分配到松桃工作。后因个人原因离职返乡,成为村中能人,是早期调解小组等民间组织的关键成员。
赵武宣	焕河村	1945年考入省立遵义师范学校,土改时期被分配到外地工作,后留居当地。
赵开维	焕河村	赵开选的二弟,曾读过师专,后任地区完小校长。
赵武宜	焕河村	赵开选私塾的第一批学生之一,初中毕业后返乡担任村小教师。
赵开仕	焕河村	赵开选的三弟,张金秀的丈夫。
赵武涛	焕河村	1978年成为村小第三位教师,成为村小教师前先后担任生产队会计和团支书。
赵贡宣	焕河村	焕河村老支书,河底下组人。

续表

人物	所在集体	简介
赵齐臣	焕河村	焕河村现任村支书，马鞍山组人。
赵红军	焕河村	曾任村副主任，兴办集体企业养殖乌骨鸡，因销售问题找到丁浪合作，后成为帮助丁浪进入焕河村的关键人物。
赵健涛	焕河村	赵开维之子，专科毕业，曾在县住建局工作多年，2021年回到焕河村担任驻村第一书记。
赵江	焕河村	赵武容之子，现"第四饭厅"所有人，依托"第四饭厅"开办乡村餐馆供游客消费。
赵伟	焕河村	十几岁时即跟随父亲参与修路，现在县城做生意，担任"焕河传统村落保护发展协会"会长。
全太刚	/	丁浪2019年进入焕河村创业时，在焕河村所属的共和镇担任党委书记，2021年任沙溪土家族乡党委书记，并引荐大寨村第一书记刘杰与丁浪相识，后两者合作打造账号"古村28渡"。
刘杰	大寨村	贵州省文旅厅派驻大寨村的第一书记，毕业于贵州师范大学民族音乐学、声乐学专业，曾就职于贵州省文化艺术研究院，"古村28渡"主播。
全长春	大寨村	大寨青年，长期在外务工，从事建筑行业，2020年回到大寨村参与村庄建设。
全长城	大寨村	全长春的弟弟，大学毕业后外出务工，被刘杰劝返，回乡担任村委会主任。
全糠	大寨村	大寨青年，贵州师范大学社会工作专业毕业，长期外出务工。
全华兰	大寨村	全糠的妹妹，曾在县城影楼做学徒，后加入丁浪团队，成为"古村28渡"账号的摄像师。
全昌银	大寨村	与全长春是堂兄弟，长期外出务工，2020年前后回到大寨参与乡村建设。传承父亲的木工手艺，在村中从事木工工作。
全波	大寨村	大寨青年，考上警察学院后放弃就读，南下多地务工，也曾短暂返乡参与乡村建设，开办村中第一家小卖部"波波小铺"。
丁浪	短视频团队	新媒体团队创始人，主要负责内容管理和外部拓展。
文学林	短视频团队	曾在德江县某企业、礼仪培训学校工作，因业务拓展与丁浪结识，后合伙创业。在礼仪培训学校工作期间结识乐乐，后引荐其进入团队。主要负责人事管理、供应链管理等。
丁伟	短视频团队	丁浪的堂弟，大学毕业后曾在广东务工，后主动找到丁浪加入团队，担任摄像师。
乐乐	短视频团队	"古村乐乐"主播，进入团队前在县城礼仪培训学校担任教师。
涛涛	短视频团队	丁浪的外甥，大学毕业后进入丁浪团队，他的加入使得"古村乐乐"账号大火。

附录三

村寨大事年表

焕河村

焕河村有着悠久的历史。约1590年，焕河赵氏祖先赵永鳌为躲避战乱，从江西宁江府兴义县花滩子举家迁至贵州思南府太河滩，后部分子孙辗转迁至长溪遗大保、下保任司都。18世纪初，祖先赵崇智从下保任司都迁到焕家沟（宦家沟）。

清乾隆五十七年到五十九年（1792—1794年），焕家沟赵氏为了阻击土匪、保家族安宁，组织族人在寨脚三皇店处依天然岩石修建卡门及银盘上的阻匪墙（现留有遗址），银盘是赵氏祖先存放银钱的地方。

清嘉庆元年至嘉庆三年（1796—1798年），祖先赵天学作为思南府富甲一方的富豪，思及焕家沟山水之美，从思南赵家坝迁来本寨，修建五间木房。木房雕梁画栋，除天楼、地楼处，均有手艺精湛的木工在木窗及房前木壁上雕刻各种反映农耕生活的精美图案。相传木工多人，经数月精雕细磨方才完工。同时修建的石阶沿（门前阶），历经230多年，仍完好无损。

1813—1825年，赵氏族人在生基坪、堰塘坎、枫林沟修建水磨打米房，用于脱谷壳。为防止干旱时无河水做动力脱谷，又在三皇店旁边修建一个旱磨，村民可用牛带动石磨转动，脱谷打米。

时间	事件
1945年	寨上四人考上省立遵义师范学校。
1947年	开办寨上第一家私塾。
1950年	德江解放，这被称为德江的第二次解放。
1951年	解放军进入焕河，涣河人始知"第二次解放"。
1954年	焕河成立互助组。
1955年	焕河成立初级社，称焕河大队（旧称"宦河大队"）。
1958年	焕河大型传统建筑成为村里的大食堂，称"第四饭厅"。
1960年	群众集资办学校。时任大队主任将小学建在自己所在小队附近，但校门前有大坑，且用水不便。
1964年	三线建设大面积招工；开始宣传计划生育政策。
1977年	考出第一个大学生。
1979年	乡里悄悄放下部分土地给农户。
1980年	土地全部下放。
1982年	3月17日，经群众讨论通过了《关于上焕风景区管理规定》。
1983年	为解决村民饮水卫生问题，由能人牵头，村民每户自愿交3元作为启动资金修建水井，投工投劳建成，有石刻碑记为证。
1984年	由能人发起，焕家沟组建了文明村寨申报筹备工作组，上报铜仁地区行署，同年评选通过，焕家沟成为地级"文明村寨"，成为周边模范村寨。 据村民回忆，宦河于这一年由官宦的"宦"改焕然一新的"焕"。 瓦厂公社更名为银丝土家族乡，焕河大队更名为焕河村。 村小换址，搬到焕家沟，发生桌椅争抢事件。

续表

时间	事件
1992年	撤并建乡,银丝土家族乡、共和土家族乡等合并为共和土家族乡,焕河村属共和土家族乡管辖。 卖了一棵寨上古树给湖南老板,用部分资金修了大概4公里的土路,连接主干道与瓦厂。
1996年	村民通过多种方式筹措资金用于通电。
2000年	村民开始购买电视。 寨内公推13人作为牵头人,制定村规民约,再次带领群众出钱、出力、寻找物资,克服各种困难,焕河村终于在2000年接近全面通车。
2008年	村民开始搬往县城定居,住房以自建房为主。
2010年	村民开始购买德江县商品房。
2012年	继续修建焕河到周家山的路段。
2013年	焕河村被列入住建部第二批中国传统村落名单。 共和土家族乡改称共和镇,焕河村为共和镇焕河村。
2014年	"第四饭厅"的主人搬进县城居住,"第四饭厅"闲置。 开始修建通组公路,公路由县交通局规划,同年完成。
2015年	德江县住建局委托贵州通和规划设计咨询有限公司编制《德江县共和镇焕河村传统村落保护和发展规划》。 为了增添春节、元宵节节日气氛,群众自发组建狮子灯表演队(舞狮队)到县城和周边村寨进行表演,展示传统村落的文化传承。
2016年	投入"四在农家·美丽乡村"项目资金,建观光休闲亭一座、对部分村民房屋进行整体维修改造、安装太阳能路灯、连户路硬化、建公共厕所、建主题房石院坝等。
2017年	利用国家下发的传统村落项目资金,修建了原村小至水井的长廊、龙洞湾山崖顶和银盘上观光亭各一个、银盘上至风林沟观光梯,维护和修复样板房、文化广场、篱笆、消防设施、寨门、卡门,公路硬化。 焕河传统村落保护发展协会成立。
2019年	政府投入资金对部分村民房屋进行立面改造。丁浪"进驻",打造短视频账号"黔东农仓"。
2020年	村小原建筑改建为"共和镇焕河传统村落乡愁馆"。 7月3日,焕河村被中央电视台财经频道晚8点的《经济半小时》专题报道。
2021年	焕河村获得宜居农房建设试点等项目的资金,主要用于改建停车场、污水管网和改造11栋民居。

大寨村

吕应光家保存的光绪三十三年岁在丁未小阳月十六日谷旦立经丹簿记载:"再念乃祖乃宗,均属一脉之派,若亲若戚,原是五服之根由,今虽幽冥远隔曩一祖籍。自大明洪武三年在四川顺庆府蓬州仪陇县南阳里枫香门后岩东溪沟移至贵州思南府印江县所属地名洋井。一世祖:吕荣—赵氏。二世祖:吕正东—张氏。三世祖:吕廷珊—杨氏。四世祖:吕泰—邵氏(大、幺)。"由此可证,大寨吕姓于明洪武三年由四川顺庆府蓬州仪陇县南阳里枫香门后岩东溪沟移至洋井(今大寨)。

年份	事件
1913 年	11 月,省行政公署核准府、州、厅一律改县,改安化为德江县,今大寨村时属德江县。
1945—1949 年	德江全县设 18 个保公所,现大寨村时属沙溪保公所第五保。
1950 年	解放军进村,逐渐撤销保长与甲长。
1951—1957 年	现大寨村村委会一带原名塘里,现大寨村与现桥岩村共称桥岩乡。
1958 年	调整行政区划,撤销桥岩乡,组建沙溪人民公社,沙溪人民公社下辖大寨生产大队,大寨生产大队又分为长安、上土布、下土布、何家、岩上、华叶(又称"小寨")、大寨 7 个生产小队。
1959 年	年初抽调沙溪人民公社的年轻男性集中炼钢铁、养蚕,而妇女、老人在家搞农业生产。当时公社只有黄坝和条崖两个地方炼钢铁,但炼钢铁、养蚕成效均不佳,年尾作罢,被抽调人员返家。 开办大食堂。全村一共两个大食堂,华叶、大寨、岩上、何家 4 个小队共用一个大食堂;上土布、下土布、长安 3 个小队共用一个大食堂。大食堂开了才半年就被吃倒了,后分成各小队的小食堂。
1960—1961 年	困难时期,饿死了很多人。

续表

年份	事件
1962年	国家推行"三自一包，四大自由"，将土地短暂地下放到户，农户把公粮上交后，余粮由粮站统购。
1963年	"三自一包，四大自由"结束，恢复集体生产。
1970年	每个生产小队派两个人去修湘黔铁路（评工分）。
1972年	华叶生产小队中分出了建屋基生产小队，由此，大寨生产大队由原来的7个生产小队变成8个生产小队。 大寨村遭遇严重旱灾。计划生育工作开启。
1977年	恢复高考以后，大寨出了第一个大学生。
1979年	建屋基生产小队率先通电，各户集资，与隔壁大泉生产大队联合开展通电工作。此后几年，其他生产小队才陆续通电，由于户数多，承包给了外村的包工头，所以每户人家出的钱少很多。
1980年	大寨生产大队通村公路建成通车（通至龙门处）。 大寨生产大队出了第二个大学生。
1982年	实行家庭联产承包责任制。
1983年	土地再次下放到户。
1984年	人民公社复名为乡，大寨生产大队改称大寨村。
1986年	县政府推广养蚕。
1989年	大寨村人开始外出务工，去广东务工俗称"撒广"。
1996年	重修金丝楠木下的庙宇。该庙始建于光绪年间，后被掉落的楠木枝砸烂。该庙是每年农历六月十九日庙会举办地。
1998年	实施农改工程，国家出资给村庄改电。
2004年	公路从龙门修至建屋基组。
2012年	龙门至土布组、塘里组至长安组的通组公路建成通车。
2013年	大寨村获批成为住建部第二批中国传统村落。
2014年	沙溪土家族乡人民政府抽调干部到村任驻村第一书记。 完成万坝滑石板至建屋基组公路硬化。 修建大寨村村民委员会办公楼。

续表

年份	事件
2015 年	沙溪土家族乡人民政府抽调干部到村任驻村第一书记，这年脱贫 30 户，136 人。
2016 年	沙溪乡人民政府抽调干部到村任驻村第一书记，这年脱贫 41 户，185 人。同年，修高速公路，开始征地，各组都涉及。
2017 年	县烤烟生产办公室同志到村任驻村第一书记，组建村级集体经济合作联社，并组建"德江县藏丰农业专业合作社"，这年脱贫 38 户，145 人。
2018 年	在驻村第一书记的倡导下，组建三个花椒专业合作社；这年脱贫 1 户，6 人。
2021 年	省文旅厅派刘杰担任驻村第一书记，并与丁浪团队建立合作关系。